四方围棋双语教室

围棋入门综合训练

四方围棋 著

任 黎 绘

化学工业出版社

·北京·

U0319465

内容简介

本书是为围棋水平从15级到10级的棋友专门编写的习题集。全书一共收录了512道习题，对应《围棋入门一学就会》的全部内容。书中题目包含死活、劫杀与劫活、手筋、对杀、棋形、布局和官子等。书中较为复杂的题目，答案都给出了除正解外的其他变化，如失败图、正解的其他示例等，更便于棋友理解。

本书习题可作为《围棋入门一学就会》的课后练习，灵活多变，难易程度适中，科学系统地帮助棋友们更好地吸收书中内容，全方位夯实围棋入门所需的所有初级知识，为更高阶的围棋学习打下坚实基础。

图书在版编目（CIP）数据

围棋入门综合训练/四方围棋著；任黎绘.—北京：化学工业出版社，2024.4
（四方围棋双语教室）
ISBN 978-7-122-44885-9

Ⅰ.①围⋯ Ⅱ.①四⋯ ②任⋯ Ⅲ.①围棋－基本知识 Ⅳ.①G891.3

中国国家版本馆CIP数据核字（2024）第059119号

责任编辑：宋　薇　　　　　　　装帧设计：张　辉
责任校对：宋　玮　　　　　　　版式设计：梧桐影

出版发行：化学工业出版社
　　　　　（北京市东城区青年湖南街13号　邮政编码100011）
印　　刷：北京云浩印刷有限责任公司
装　　订：三河市振勇印装有限公司
710mm×1000mm　1/16　印张13　字数195千字
2024年9月北京第1版第1次印刷

购书咨询：010-64518888　　　　售后服务：010-64518899
网　　址：http://www.cip.com.cn
凡购买本书，如有缺损质量问题，本社销售中心负责调换。

定　　价：40.00元　　　　　　　版权所有　违者必究

目录

第一章

死活

1. 杀棋

要 求 （1）白先杀黑。

（2）如有需要，写出必要解题步骤。

第 1 题

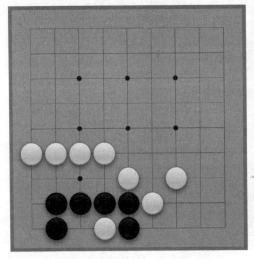

第 2 题

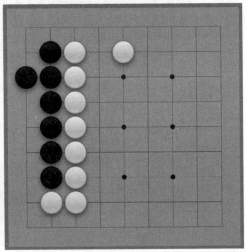

第 3 题

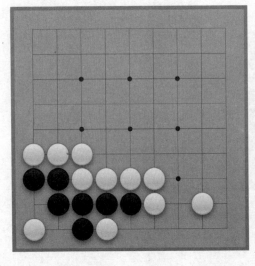

第 4 题

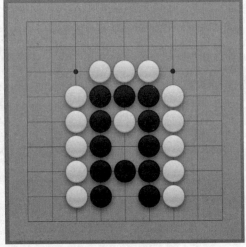

第 5 题

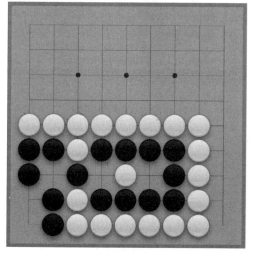

第 6 题

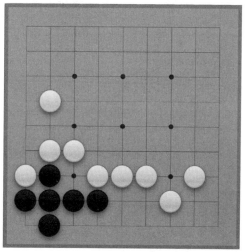

第 7 题

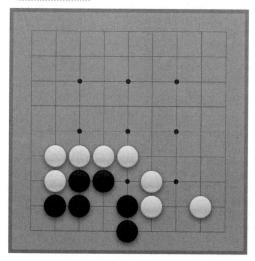

第 8 题

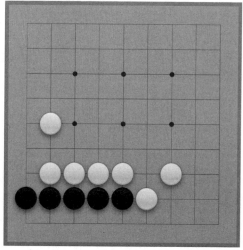

第 9 题

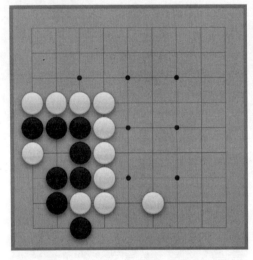

第 10 题

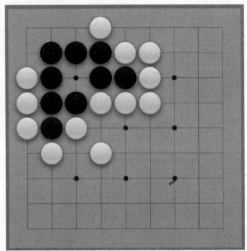

第 11 题

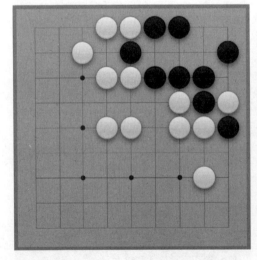

第 12 题

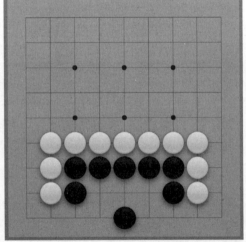

第 13 题

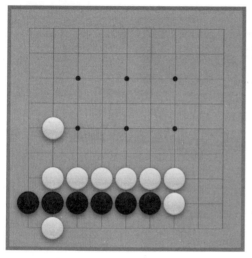

第 14 题

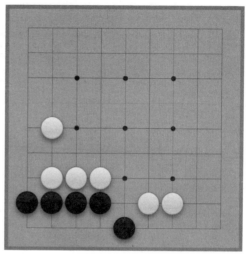

第 15 题

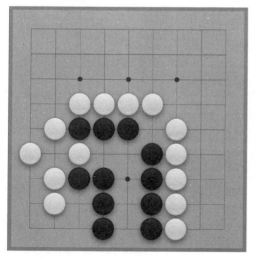

第 16 题

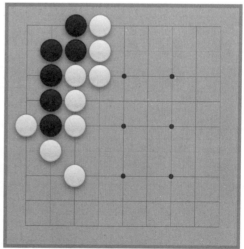

第 17 题

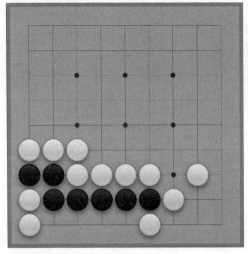

第 18 题

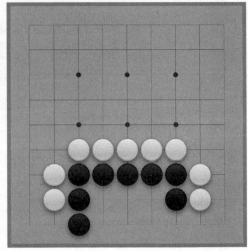

第 19 题

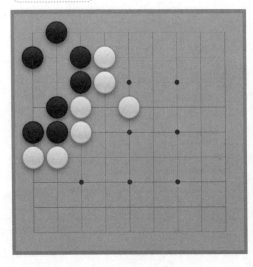

第 20 题

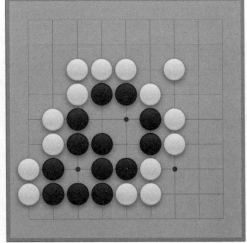

第 21 题

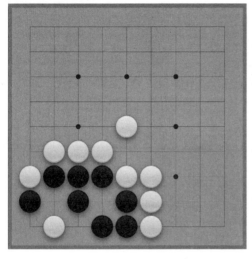

第 22 题

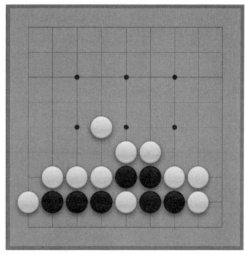

第 23 题

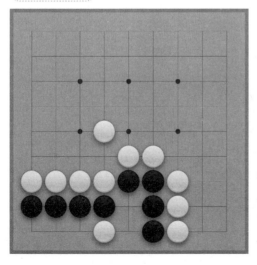

第 24 题

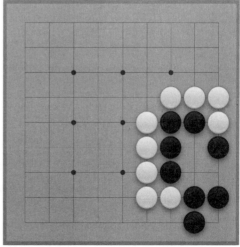

第 25 题

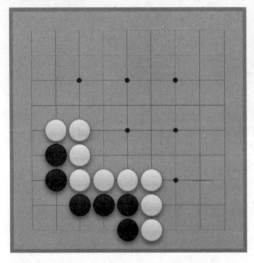

第 26 题

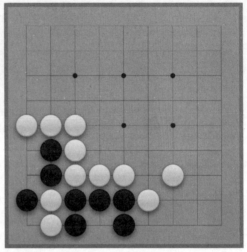

第 27 题

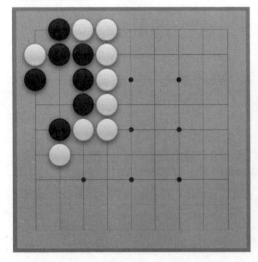

第 28 题

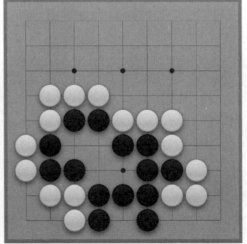

第 29 题

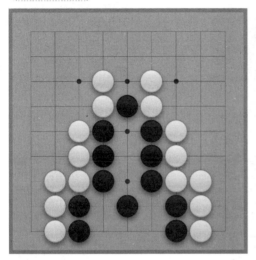

第 30 题

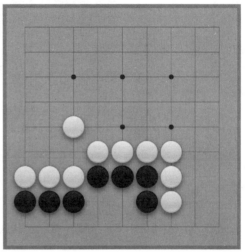

第 31 题

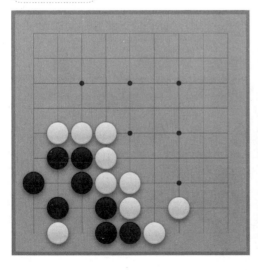

第 32 题

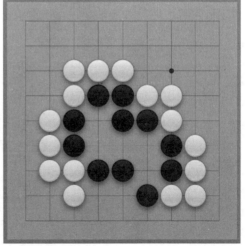

第 33 题

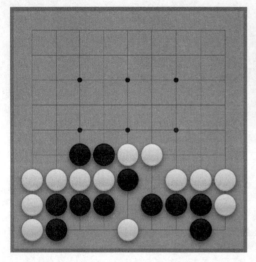

第 34 题

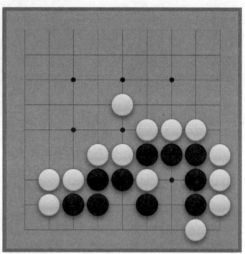

第 35 题

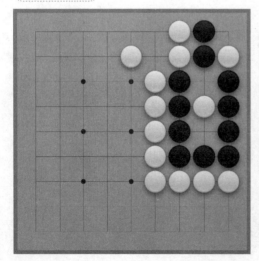

第 36 题

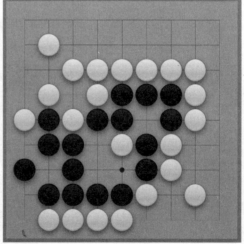

第 37 题

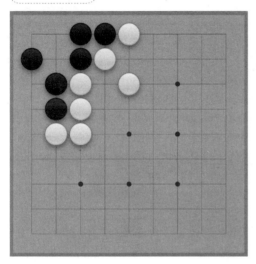

第 38 题

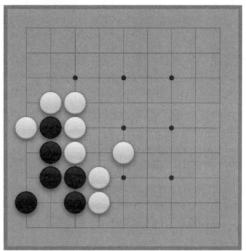

第 39 题

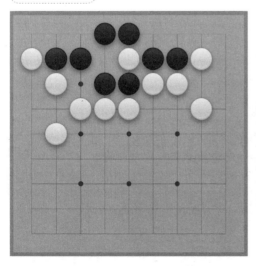

第 40 题

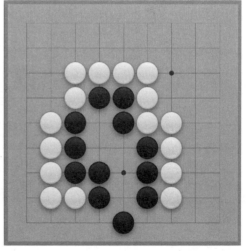

第 41 题

第 42 题

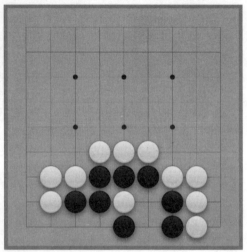

第 43 题

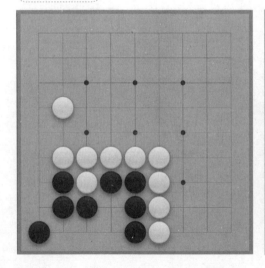

第 44 题

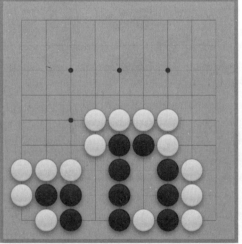

第 45 题

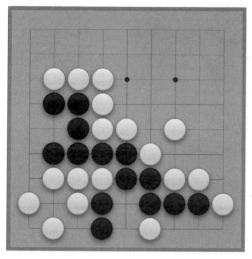

第 46 题

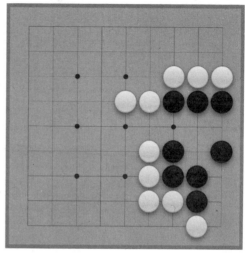

第 47 题

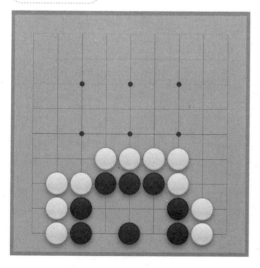

第 48 题

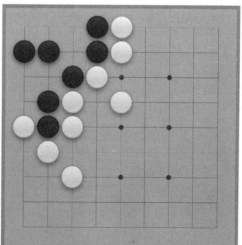

第 49 题

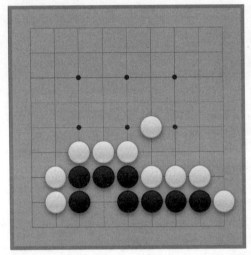

第 50 题

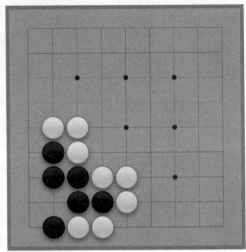

第 51 题

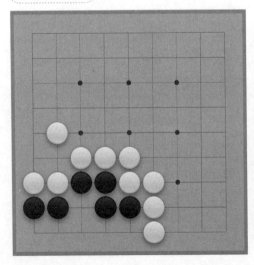

第 52 题

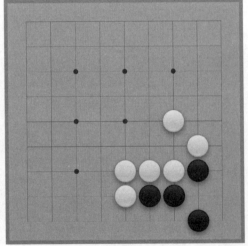

第 53 题

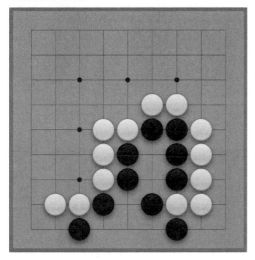

第 54 题

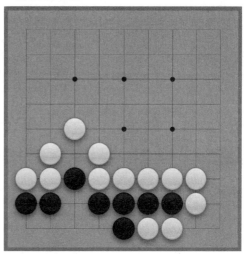

第 55 题

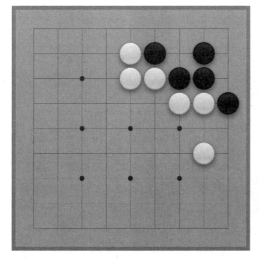

第 56 题

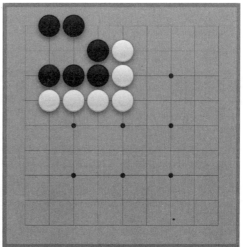

第 57 题

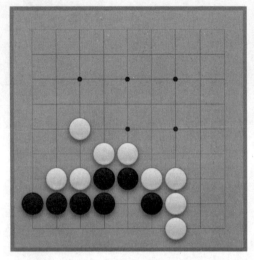

第 58 题

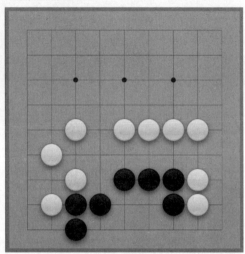

第 59 题

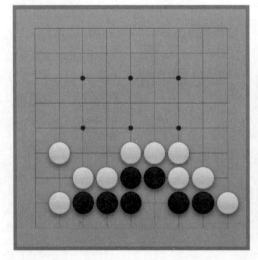

第 60 题

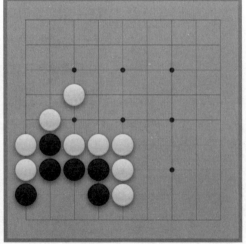

第 61 题

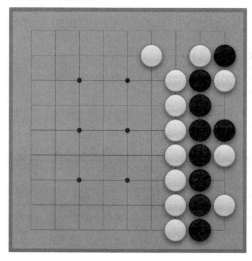

第 62 题

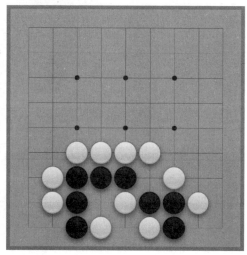

第 63 题

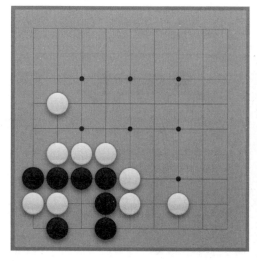

第 64 题

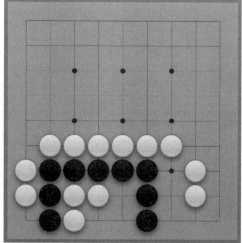

第 65 题

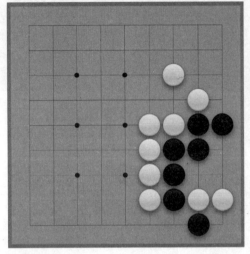

第 66 题

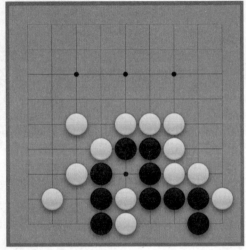

第 67 题

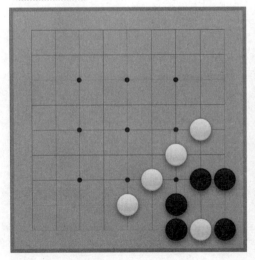

第 68 题

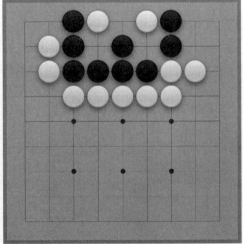

第 69 题

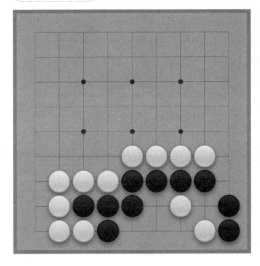

第 70 题

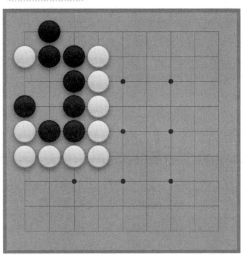

第 71 题

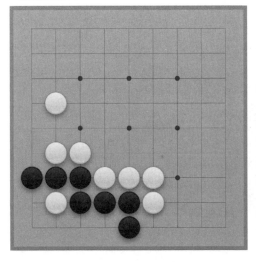

第 72 题

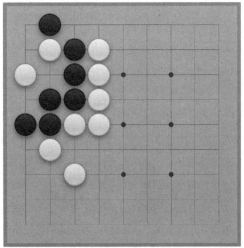

第 73 题

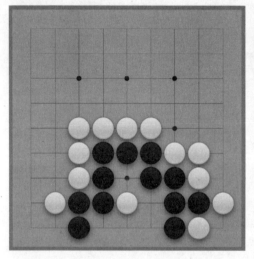

第 74 题

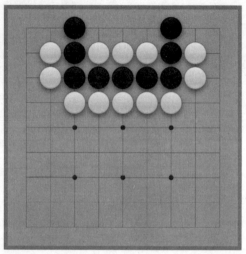

第 75 题

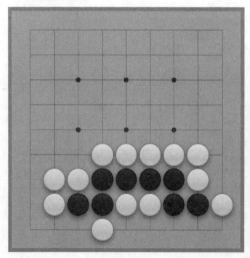

第 76 题

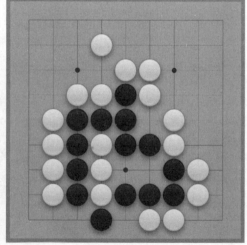

第 77 题

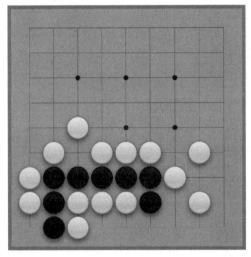

第 78 题

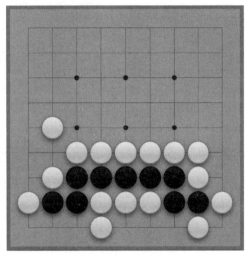

第 79 题

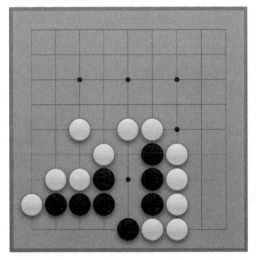

第 80 题

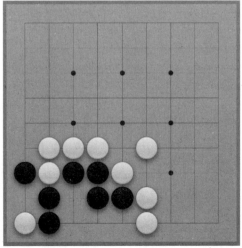

第 81 题

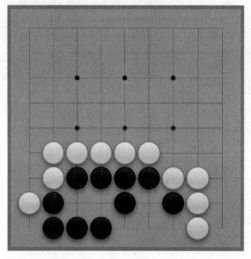

第 82 题

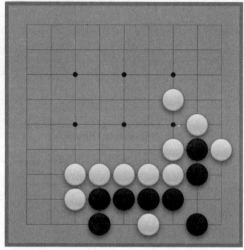

第 83 题

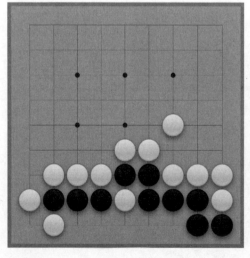

第 84 题

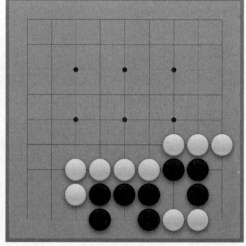

第 85 题

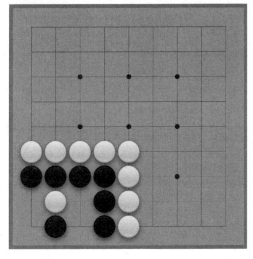

第 86 题

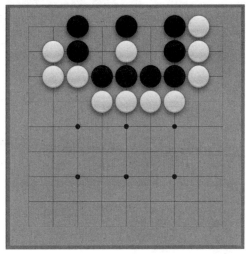

第 87 题

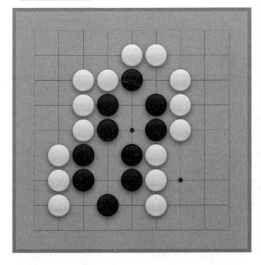

第 88 题

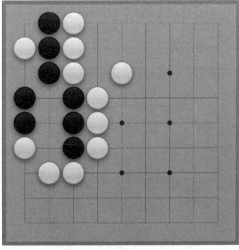

第 89 题

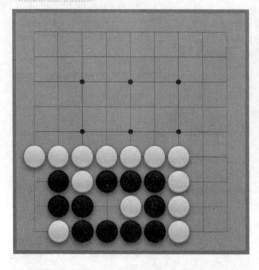

第 90 题

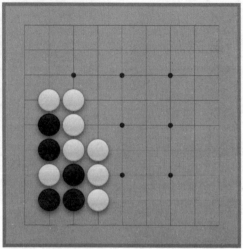

2. 做活

要求 （1）白先做活。

（2）如有需要，写出必要解题步骤。

第 91 题

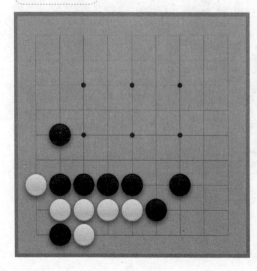

第 92 题

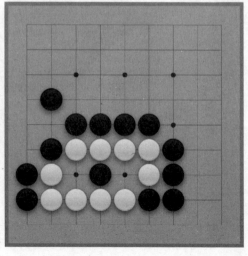

第 93 题

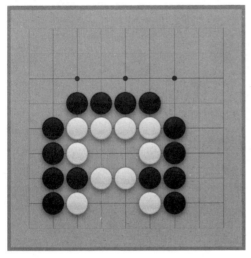

第 94 题

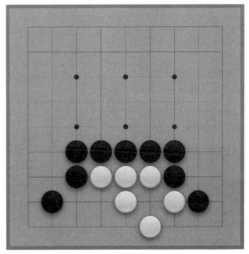

第 95 题

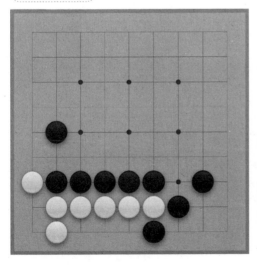

第 96 题

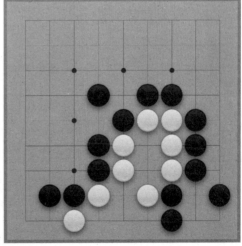

第 97 题

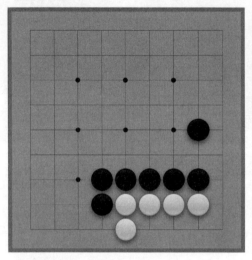

第 98 题

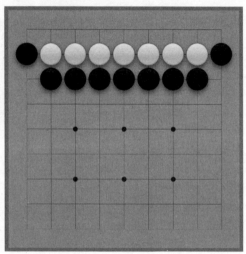

第 99 题

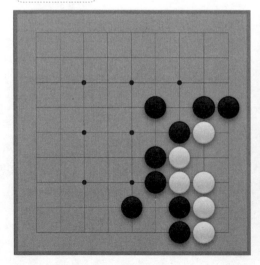

第 100 题

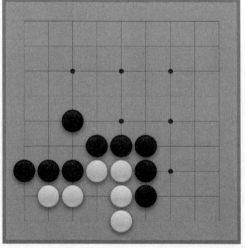

第 101 题

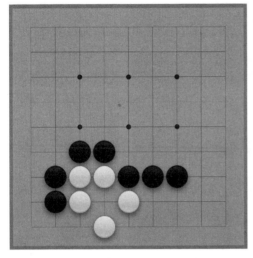

第 102 题

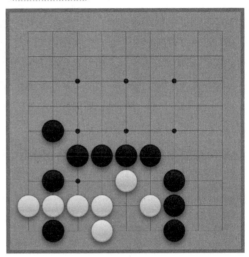

第 103 题

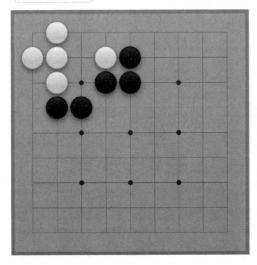

第 104 题

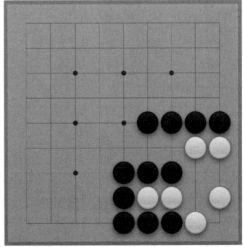

第 105 题

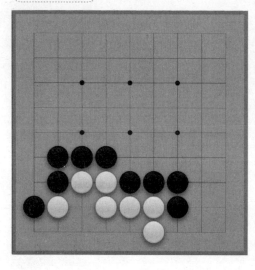

第 106 题

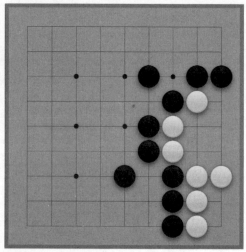

第 107 题

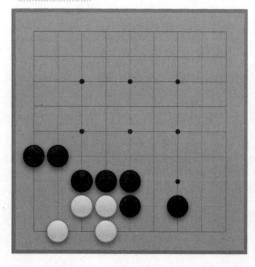

第 108 题

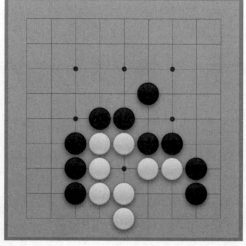

第 109 题

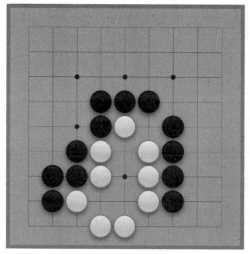

第 110 题

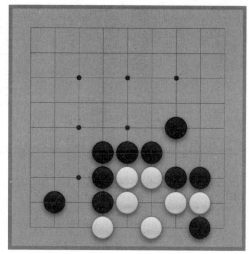

第 111 题

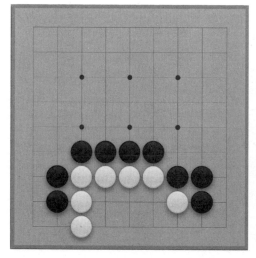

第 112 题

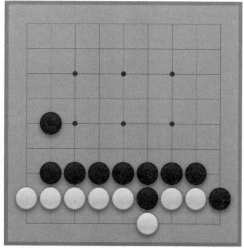

第113题

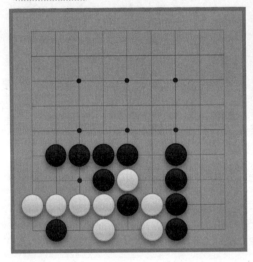

第114题

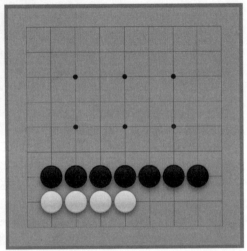

第115题

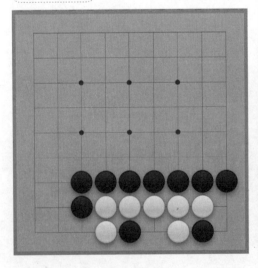

第116题

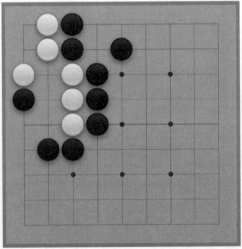

第 117 题

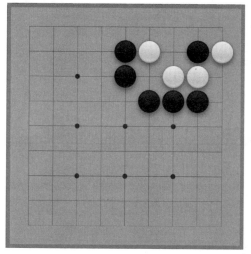

第 118 题

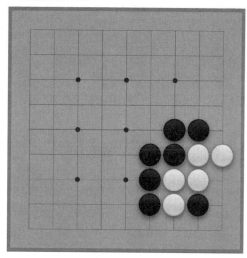

第 119 题

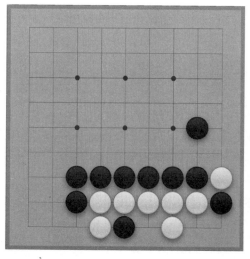

第 120 题

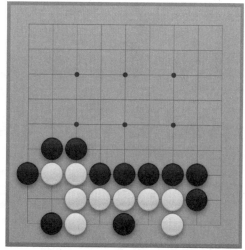

第 121 题

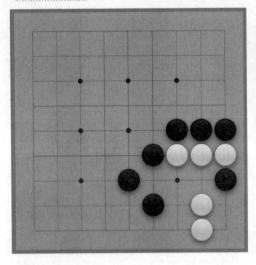

第 122 题

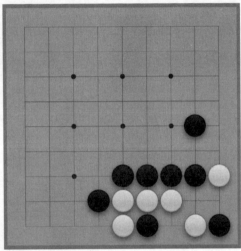

第 123 题

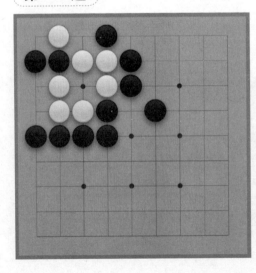

第 124 题

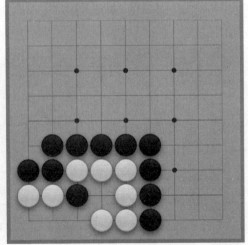

第 125 题

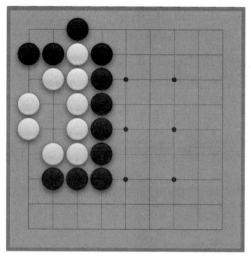

第 126 题

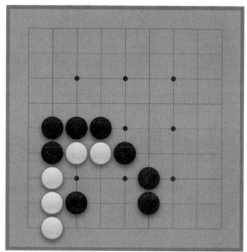

第 127 题

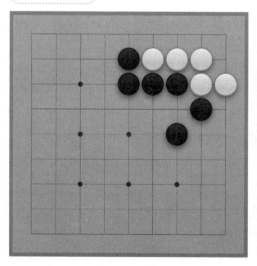

第 128 题

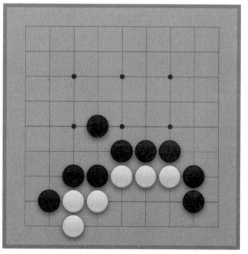

第 129 题

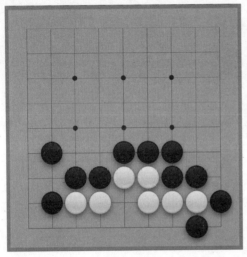

第 130 题

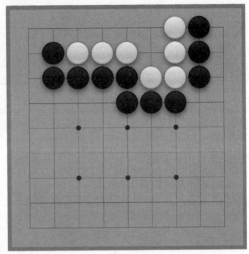

第 131 题

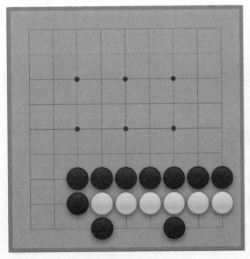

第 132 题

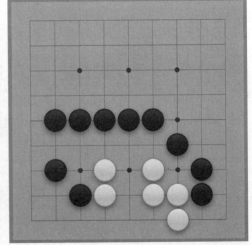

第 133 题

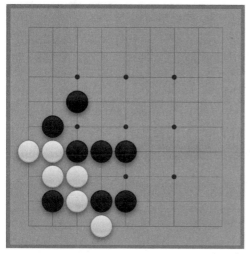

第 134 题

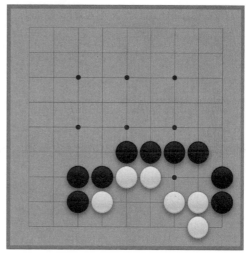

第 135 题

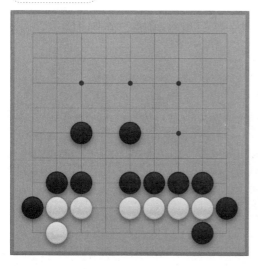

第 136 题

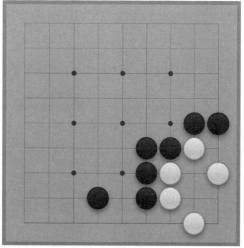

第 137 题

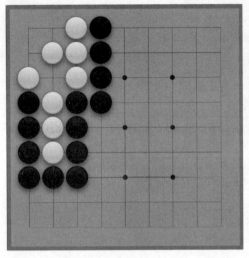

第 138 题

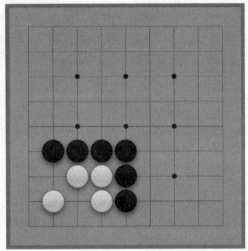

第 139 题

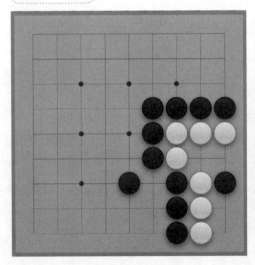

第 140 题

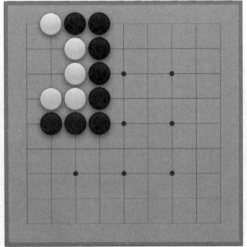

第 141 题

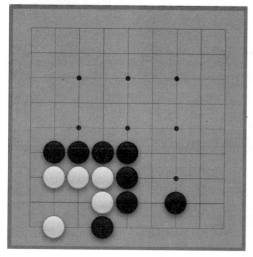

第 142 题

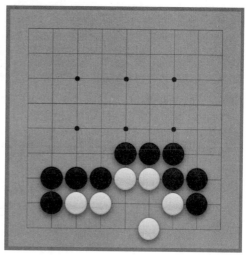

第 143 题

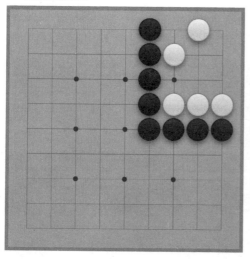

第 144 题

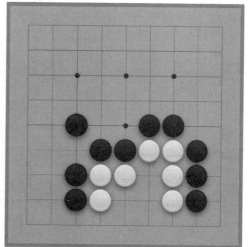

第 145 题

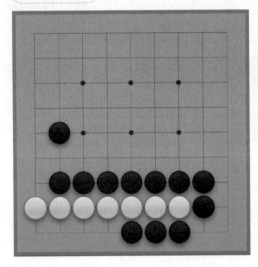

第 146 题

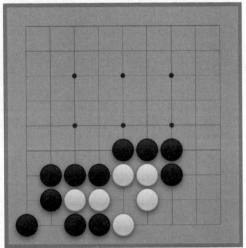

第 147 题

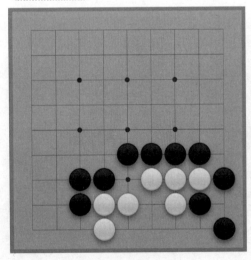

第 148 题

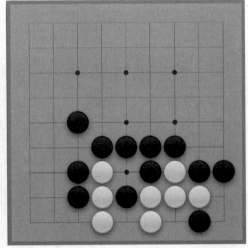

第 149 题

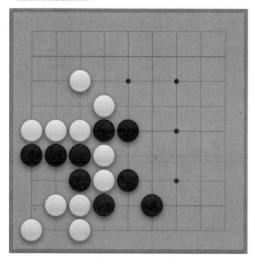

第 150 题

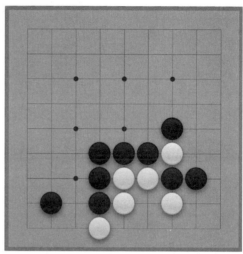

第 151 题

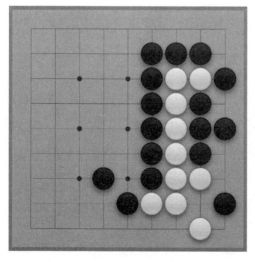

第 152 题

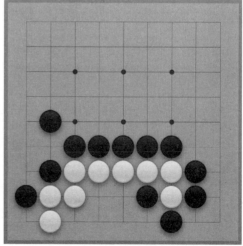

第 153 题

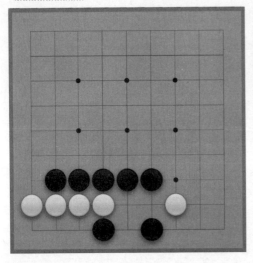

第 154 题

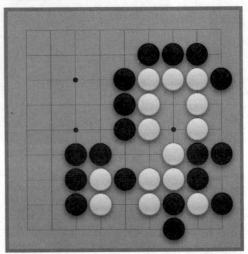

第 155 题

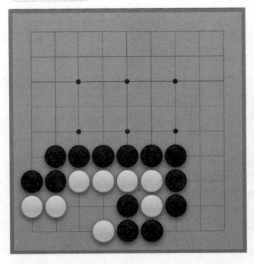

第 156 题

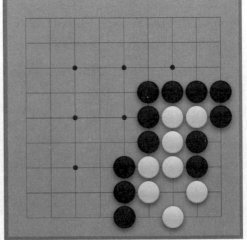

第 157 题

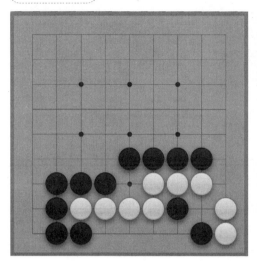

第 158 题

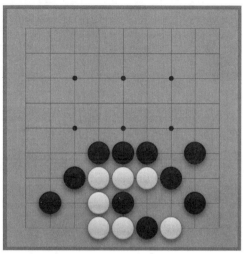

第 159 题

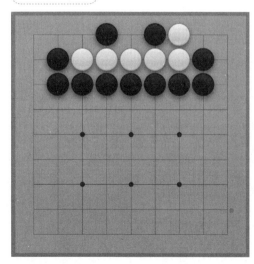

第 160 题

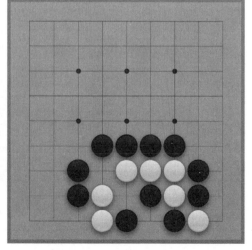

第 161 题

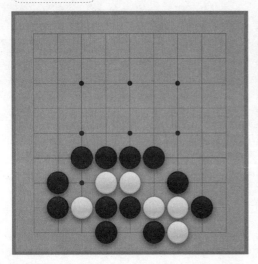

第 162 题

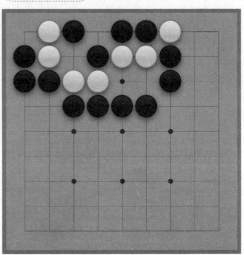

第 163 题

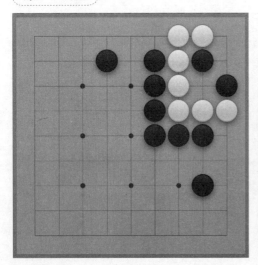

第 164 题

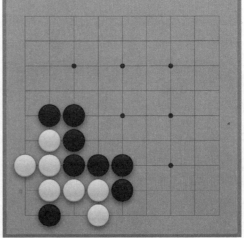

第 165 题

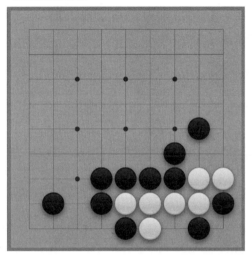

第 166 题

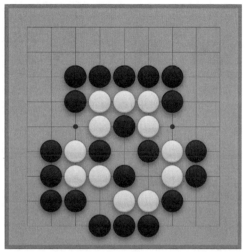

第 167 题

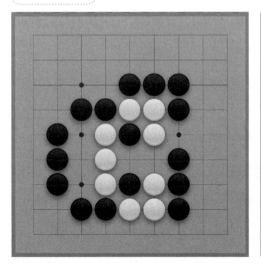

第 168 题

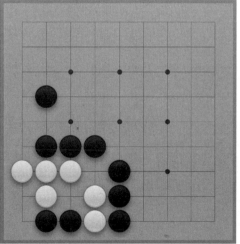

第 169 题

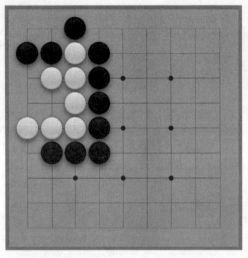

第 170 题

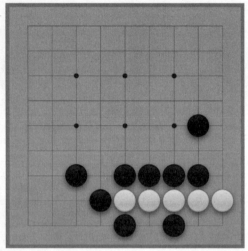

第 171 题

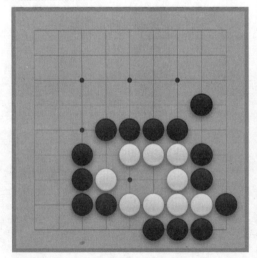

第 172 题

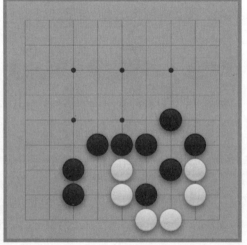

第 173 题

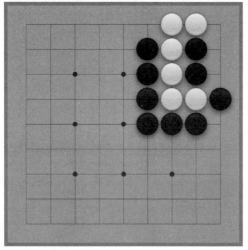

第 174 题

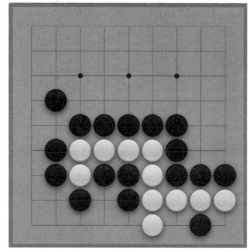

第 175 题

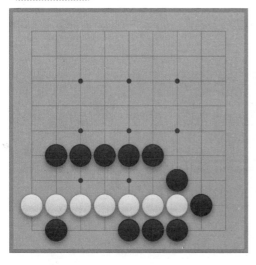

第 176 题

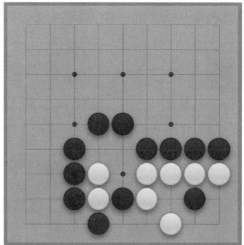

第 177 题

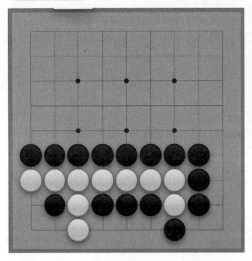

第 178 题

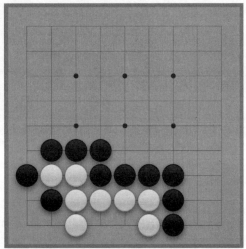

第 179 题

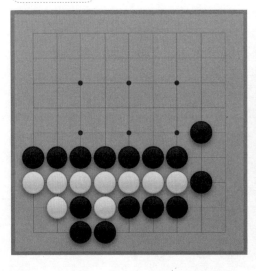

第 180 题

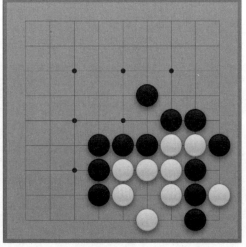

第 181 题

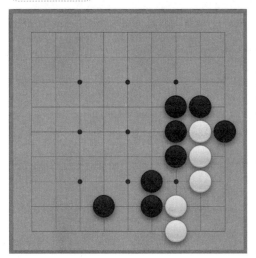

第 182 题

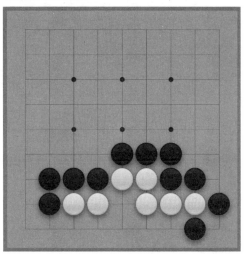

第 183 题

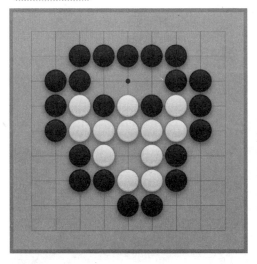

第 184 题

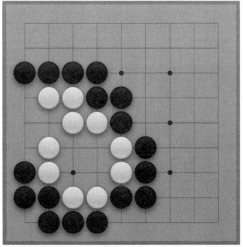

第 185 题

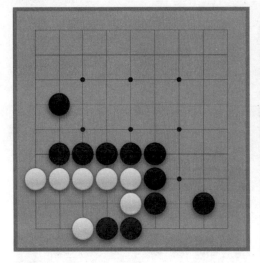

第 186 题

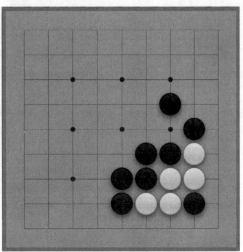

3. 双活

要 求 （1）白先双活。

（2）如有需要，写出必要解题步骤。

第 187 题

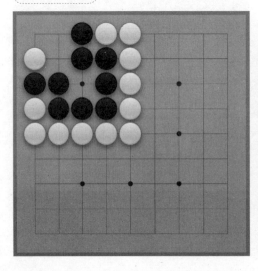

第 188 题

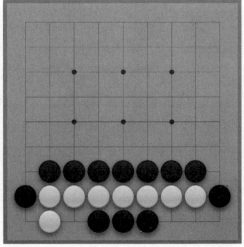

第 189 题

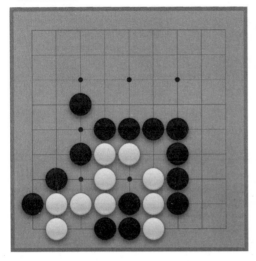

第 190 题

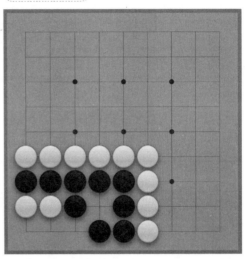

第 191 题

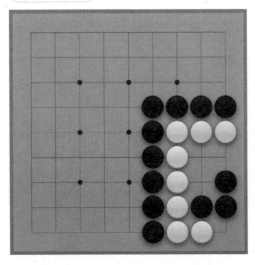

第 192 题

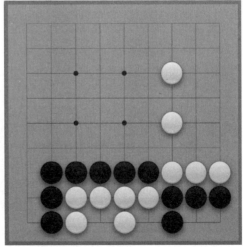

第 193 题

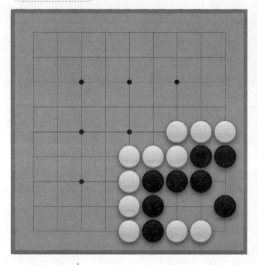

第 194 题

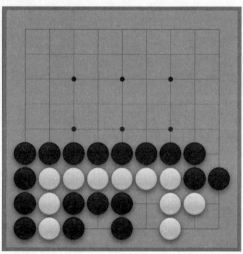

第 195 题

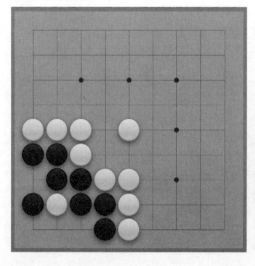

第 196 题

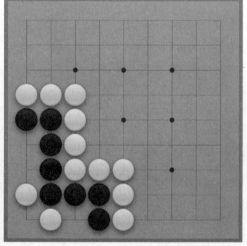

第 197 题

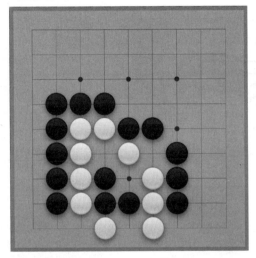

第 198 题

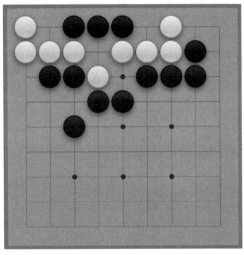

第二章

劫杀与劫活

1. 劫杀

要求 （1）白先，劫杀黑棋。
（2）如有需要，写出必要解题步骤。

第 199 题

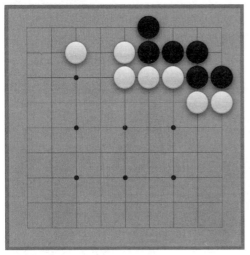

第 200 题

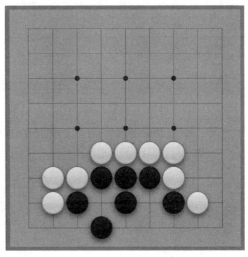

第 201 题

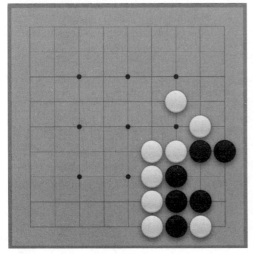

第 202 题

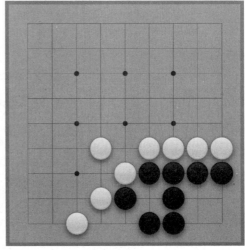

第 203 题

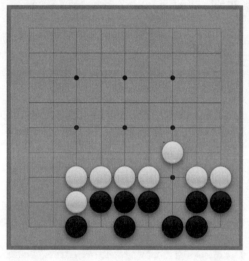

第 204 题

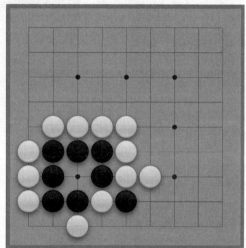

第 205 题

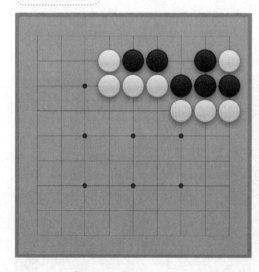

第 206 题

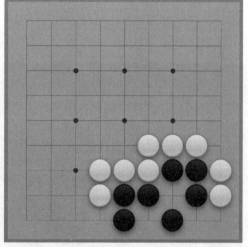

第 207 题

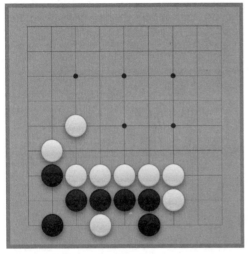

第 208 题

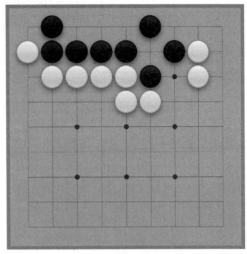

第 209 题

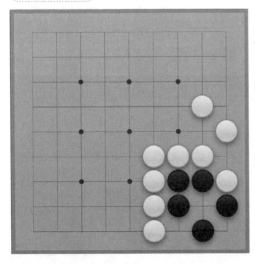

第 210 题

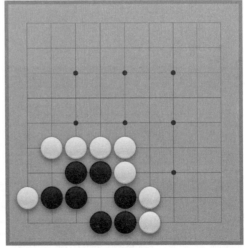

2. 劫活

要求 （1）白先，劫活。
（2）如有需要，写出必要解题步骤。

第211题

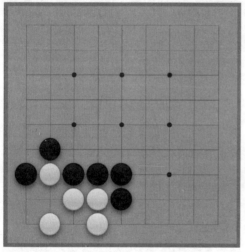

第212题

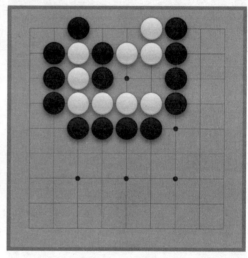

第213题

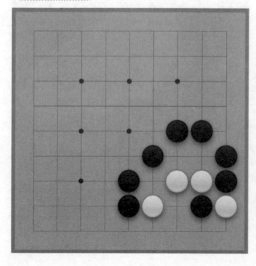

第214题

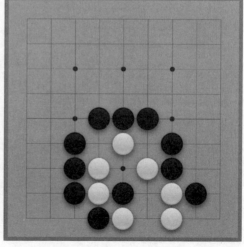

第 215 题

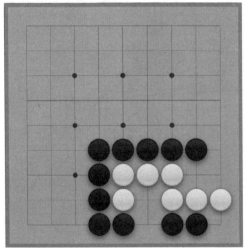

第 216 题

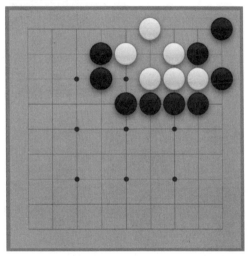

第 217 题

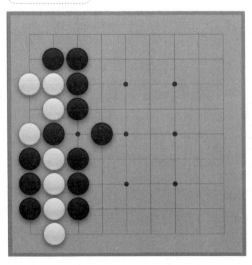

第 218 题

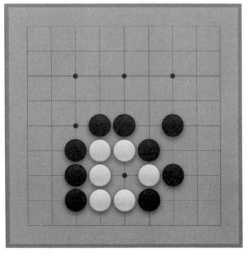

第 219 题

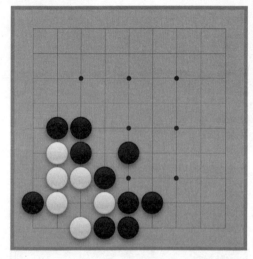

第 220 题

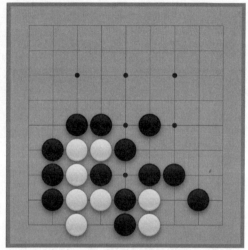

第 221 题

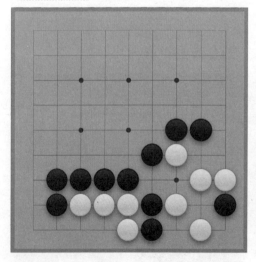

第 222 题

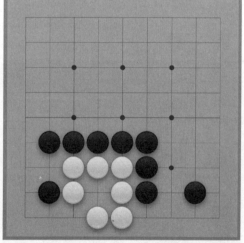

第三章

手筋

1. 连接

要 求 （1）白先，连接被分断的棋子。

（2）如有需要，写出必要解题步骤。

第 223 题

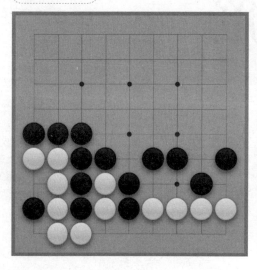

第 224 题

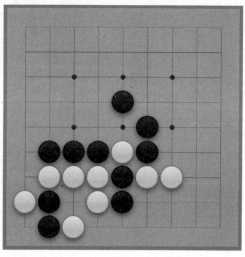

第 225 题

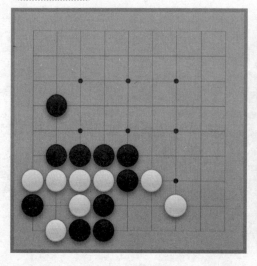

第 226 题

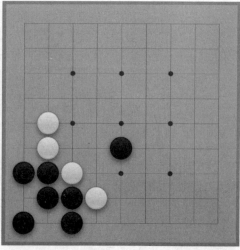

第 227 题

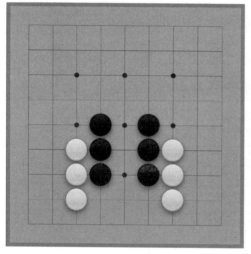

第 228 题

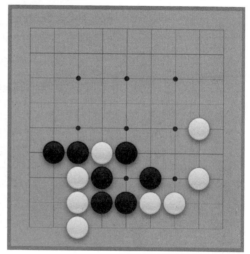

第 229 题

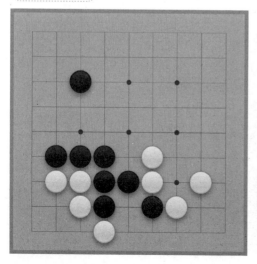

第 230 题

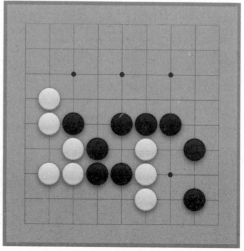

第 231 题

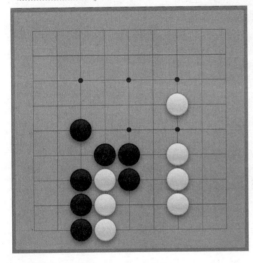

第 232 题

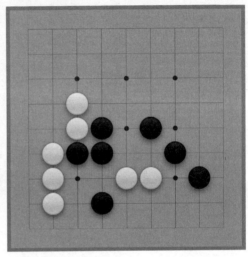

第 233 题

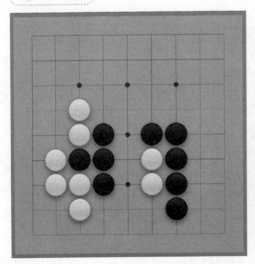

第 234 题

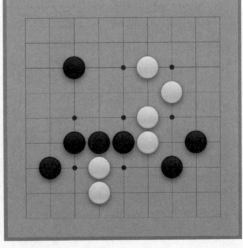

2. 分断

要 求 （1）白先，分断黑子。

（2）如有需要，写出必要解题步骤。

第 235 题

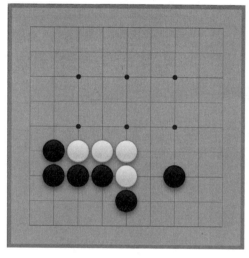

第 236 题

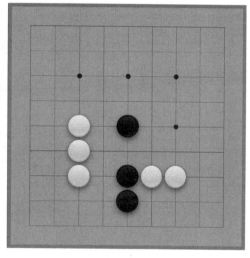

第 237 题

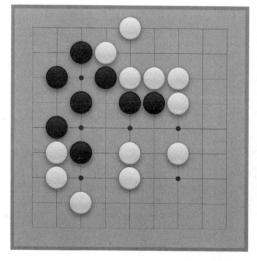

第 238 题

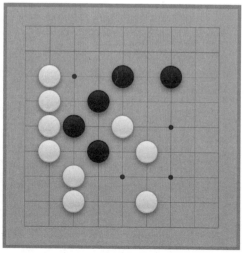

第 239 题

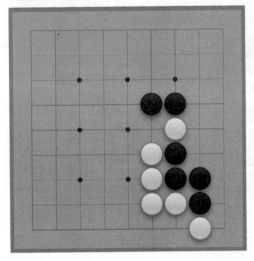

第 240 题

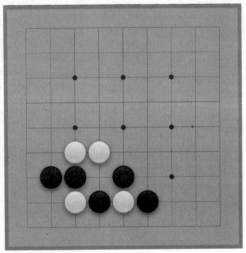

第 241 题

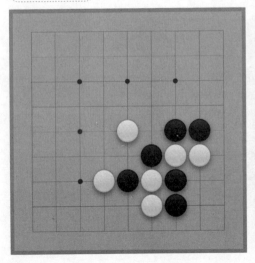

第 242 题

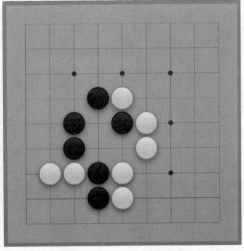

第 243 题

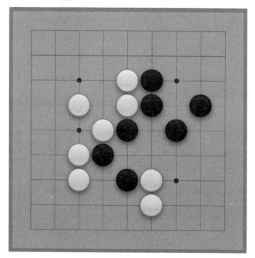

第 244 题

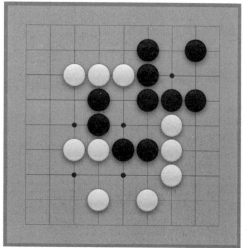

第 245 题

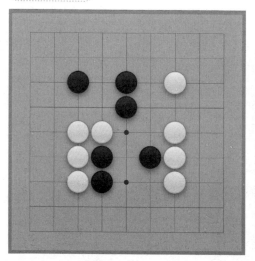

第 246 题

3. 分断之后吃子

要 求 （1）白先吃子。

（2）写出必要解题步骤。

第 247 题

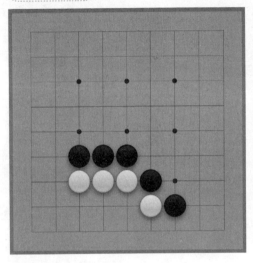

第 248 题

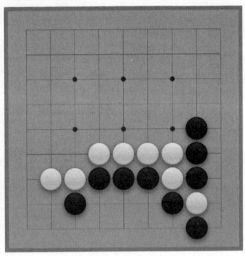

第 249 题

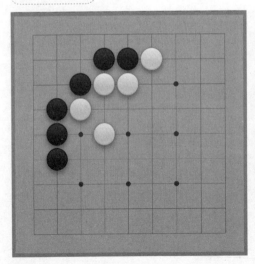

第 250 题

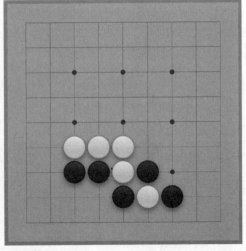

第 251 题

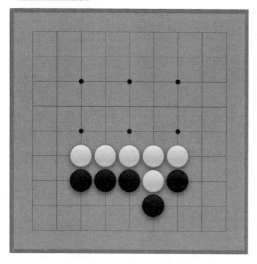

第 252 题

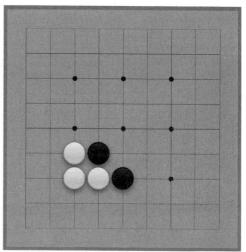

4. 制造双打吃

要 求 （1）白先，分断黑子后再吃子。

（2）写出必要解题步骤。

第 253 题

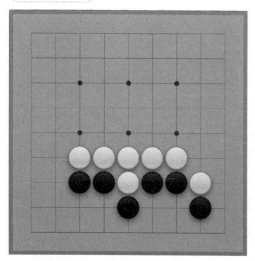

第 254 题

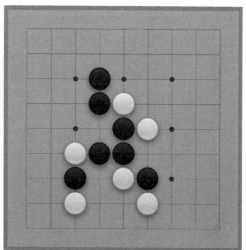

第 255 题

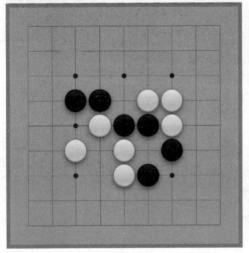

第 256 题

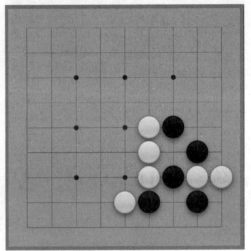

第 257 题

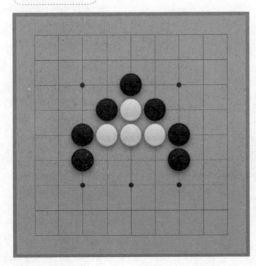

第 258 题

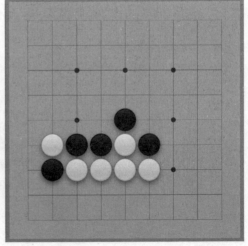

5. 制造征吃

要 求 （1）白先，分断黑子后再利用"征吃"吃子。

（2）写出必要解题步骤。

第 259 题

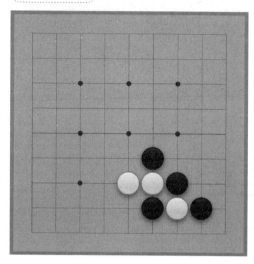

第 260 题

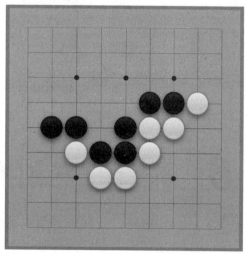

第 261 题

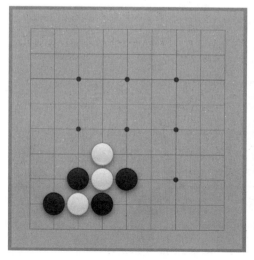

第 262 题

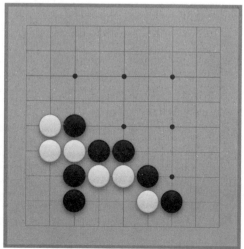

第 263 题

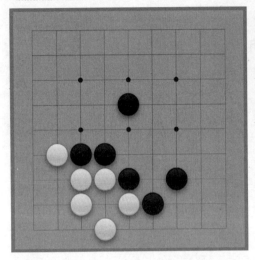

第 264 题

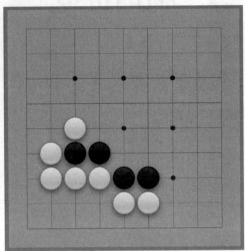

6. 制造门吃和抱吃

要 求 （1）白先，分断黑子后再利用"门吃"或"抱吃"吃子。

（2）写出必要解题步骤。

第 265 题

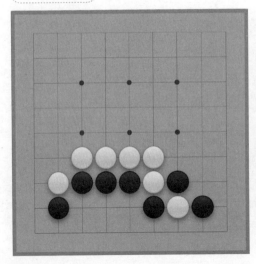

第 266 题

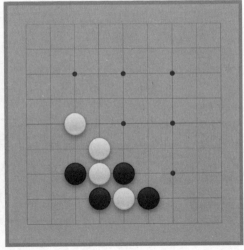

第 267 题

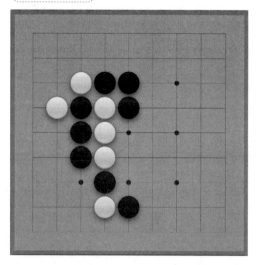

第 268 题

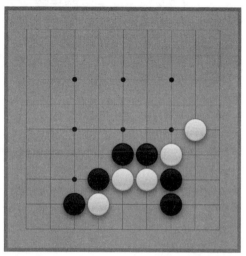

第 269 题

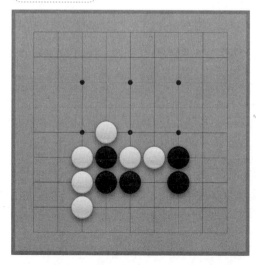

第 270 题

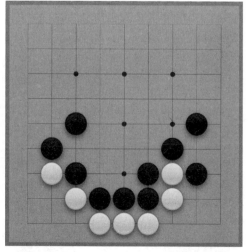

7. 制造枷吃

要求 （1）白先，利用"枷吃"吃子。
（2）写出必要解题步骤。

第271题

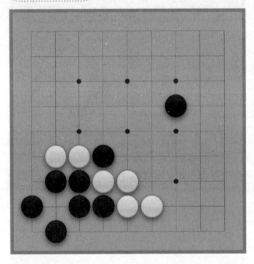

第272题

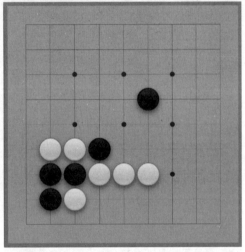

第273题

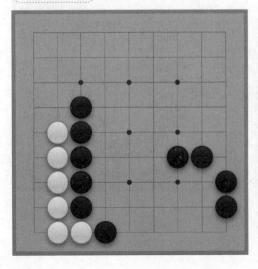

第274题

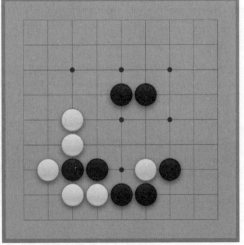

第 275 题

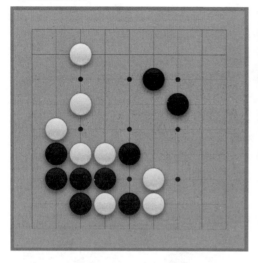

第 276 题

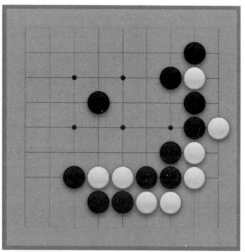

8. 滚打包收

 （1）白先，利用"滚打包收"吃子。

（2）写出必要解题步骤。

第 277 题

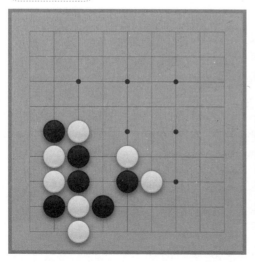

第 278 题

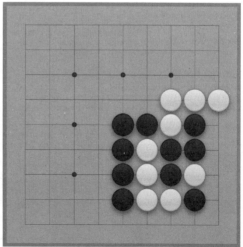

第 279 题

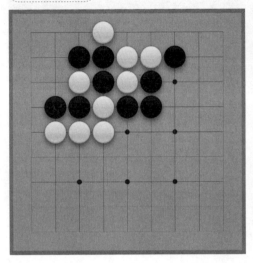

第 280 题

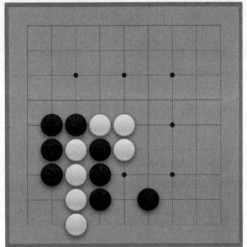

第 281 题

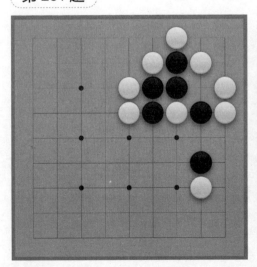

第 282 题

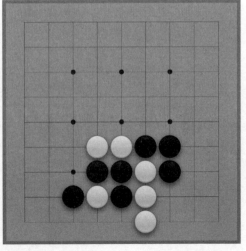

第 283 题

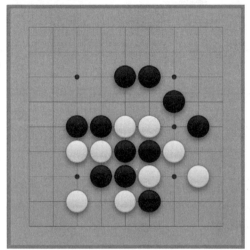

第 284 题

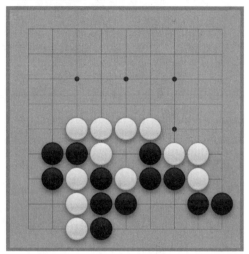

第 285 题

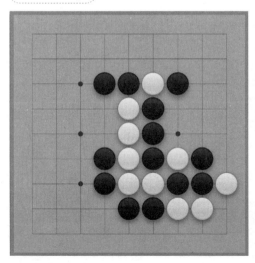

第 286 题

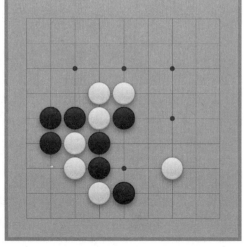

第 287 题

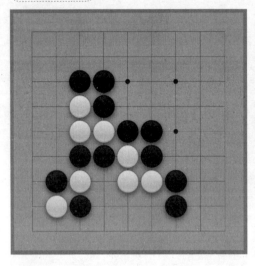

第 288 题

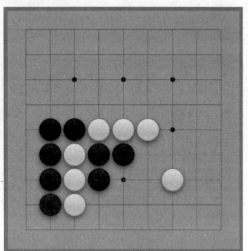

9. 金鸡独立

要 求 （1）白先，利用"金鸡独立"吃子。

（2）写出必要解题步骤。

第 289 题

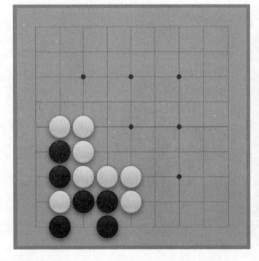

第 290 题

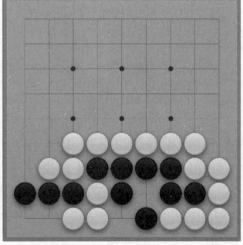

第 291 题

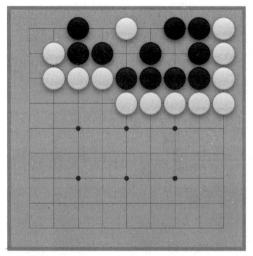

第 292 题

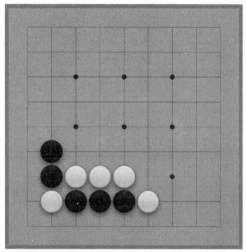

第 293 题

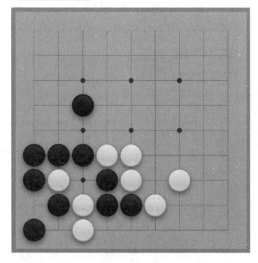

第 294 题

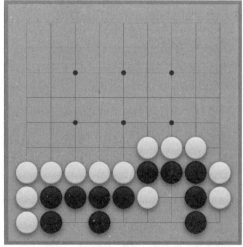

第 295 题

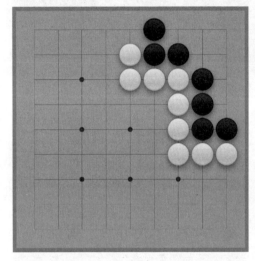

第 296 题

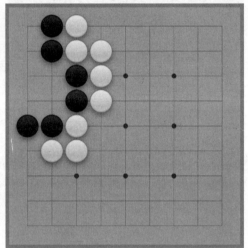

第 297 题

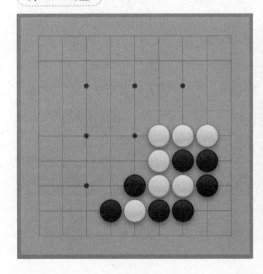

第 298 题

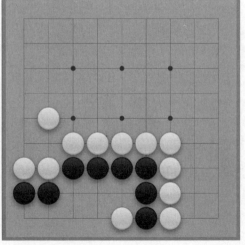

第 299 题

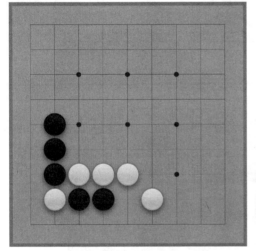

第 300 题

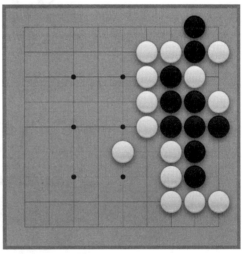

第四章

对杀

1. 边路吃子

要求 （1）白先吃子。
（2）写出必要解题步骤。

第 301 题

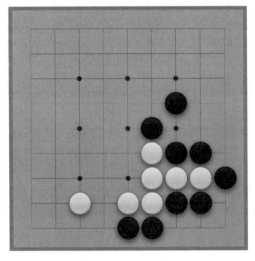

第 302 题

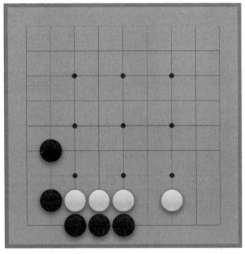

第 303 题

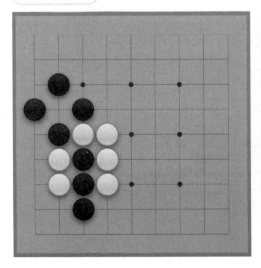

第 304 题

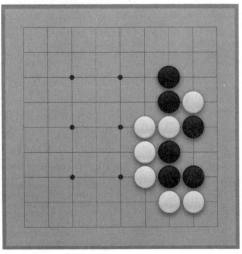

第 305 题

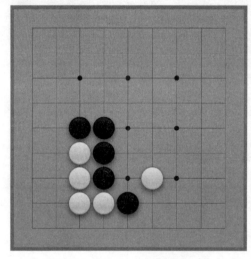

第 306 题

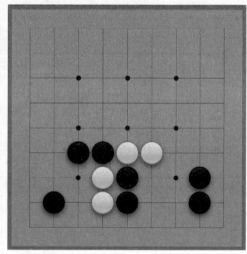

第 307 题

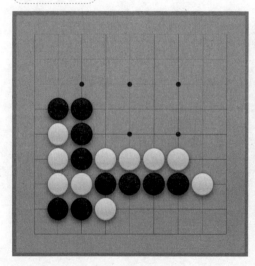

第 308 题

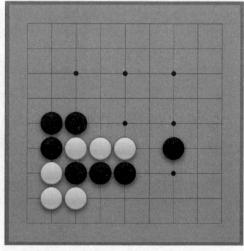

第 309 题

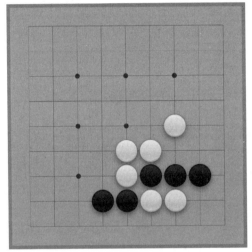

第 310 题

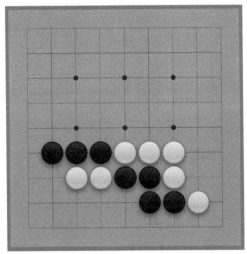

第 311 题

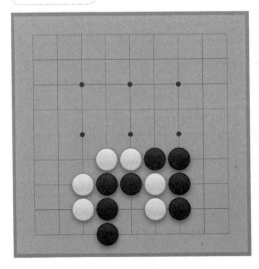

第 312 题

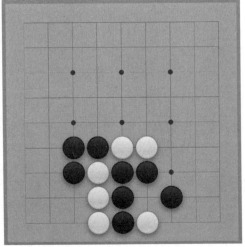

2. 逃子

要 求 （1）白先，逃出危险的棋子。

（2）写出必要解题步骤。

第313题

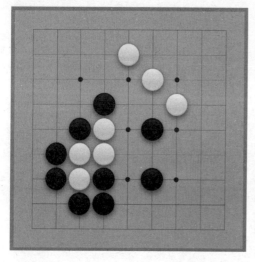

第314题

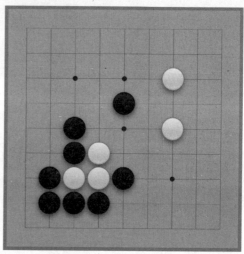

第315题

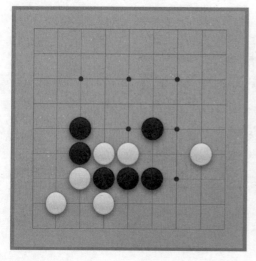

第316题

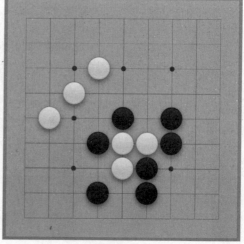

第 317 题

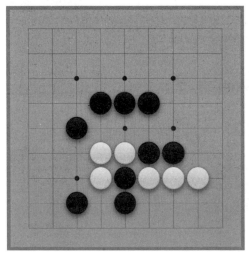

第 318 题

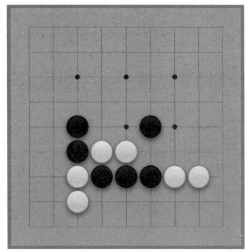

第 319 题

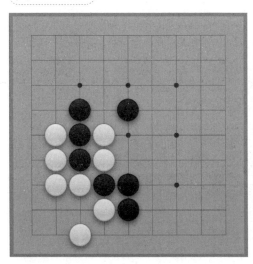

第 320 题

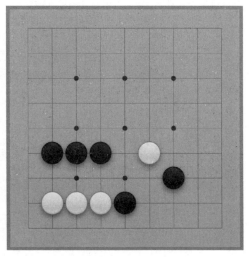

第 321 题

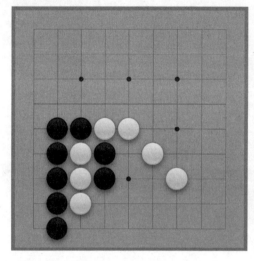

第 322 题

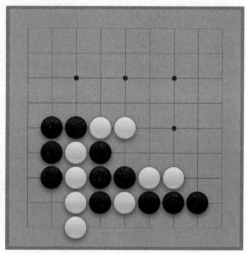

第 323 题

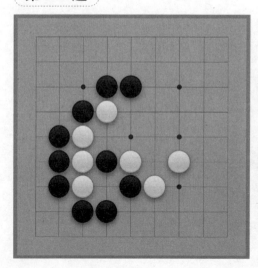

第 324 题

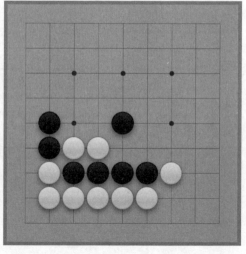

3. 分辨对杀对象

要 求 分辨与黑△子对杀的白子，并用○标出。

第 325 题

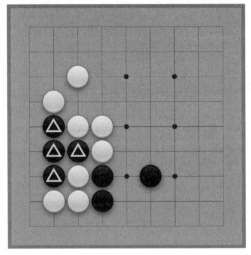

第 326 题

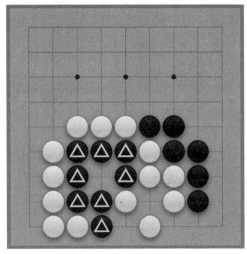

第 327 题

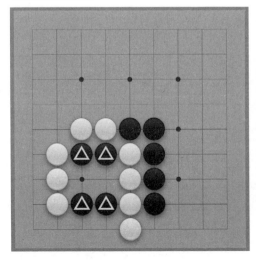

第 328 题

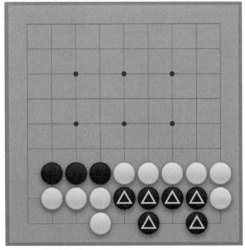

第 329 题

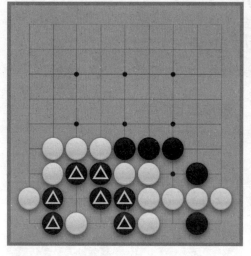

第 330 题

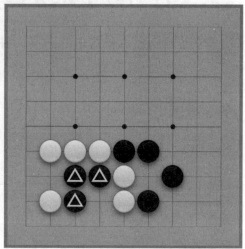

4. 对杀

要 求 （1）白先杀黑。

（2）写出必要解题步骤。

第 331 题

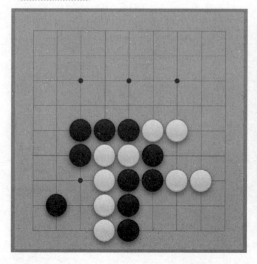

第 332 题

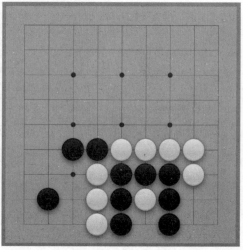

第 333 题

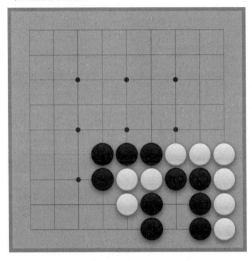

第 334 题

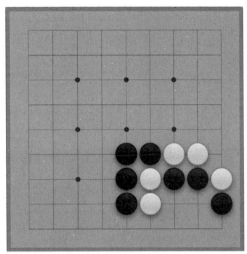

第 335 题

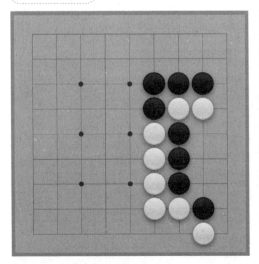

第 336 题

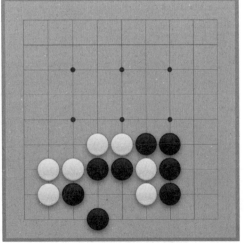

第 337 题

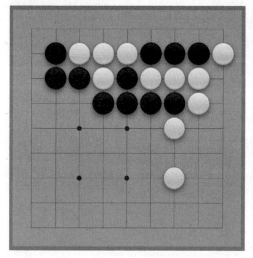

第 338 题

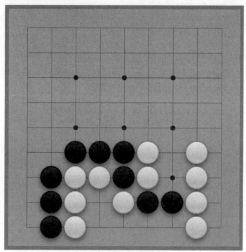

第 339 题

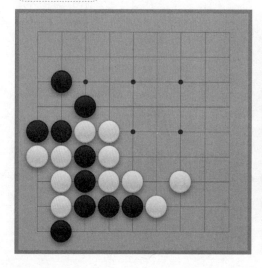

第 340 题

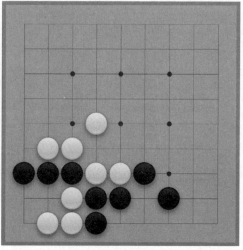

第 341 题

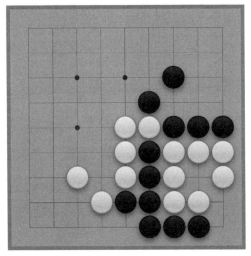

第 342 题

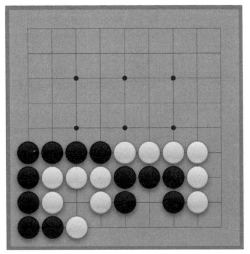

第 343 题

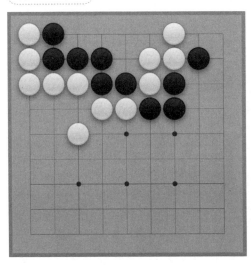

第 344 题

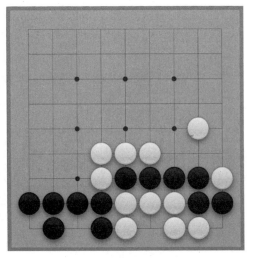

第 345 题

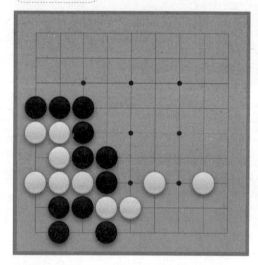

第 346 题

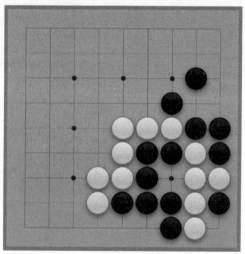

第 347 题

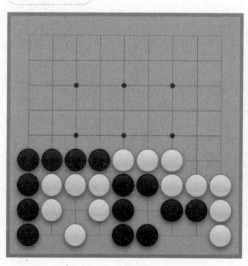

第 348 题

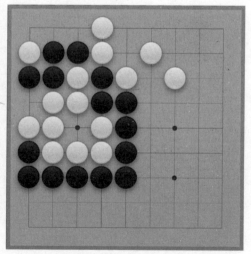

第 349 题

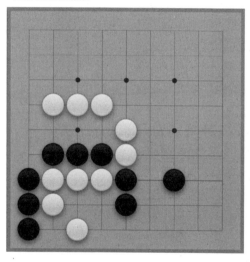

第 350 题

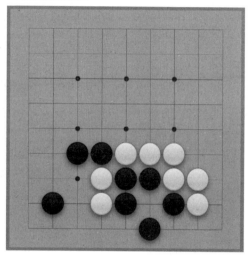

第 351 题

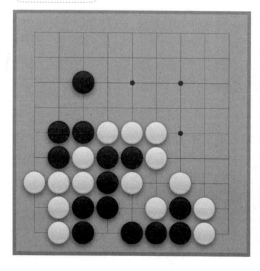

第 352 题

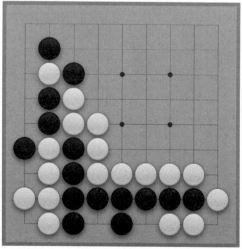

第 353 题

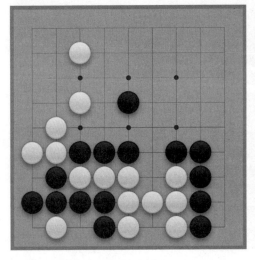

第 354 题

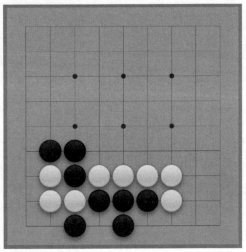

第 355 题

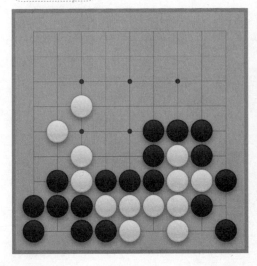

第 356 题

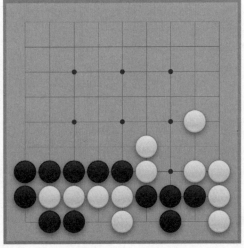

第 357 题

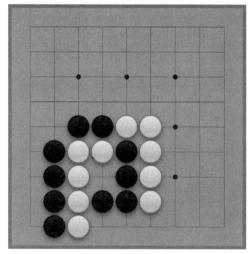

第 358 题

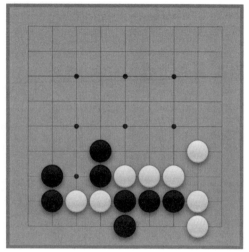

第 359 题

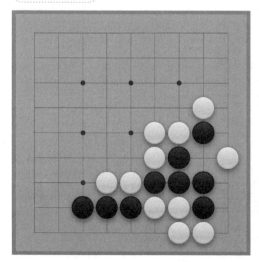

第 360 题

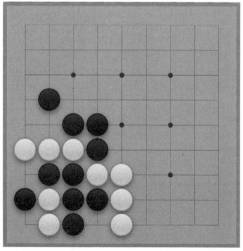

第 361 题

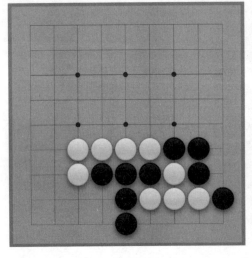

第 362 题

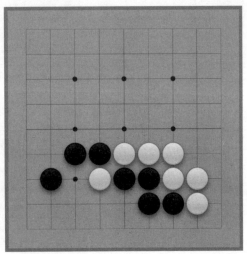

第 363 题

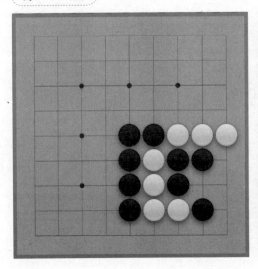

第 364 题

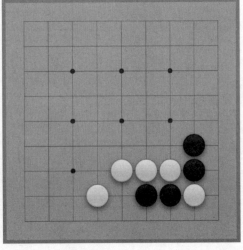

第 365 题

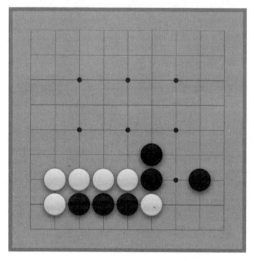

第 366 题

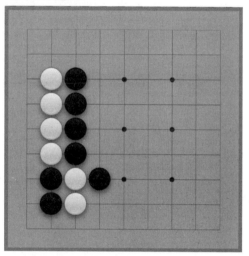

第 367 题

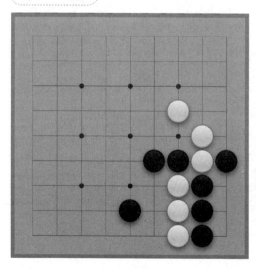

第 368 题

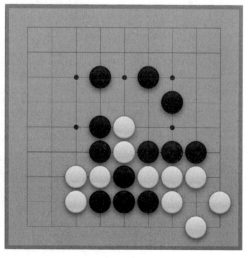

第 369 题

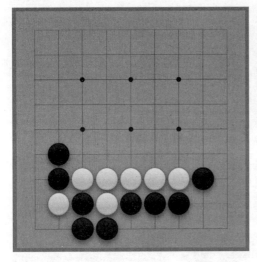

第 370 题

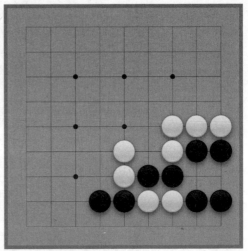

第 371 题

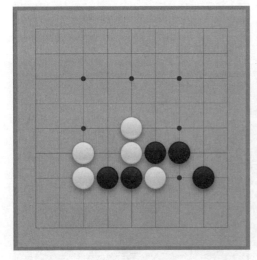

第 372 题

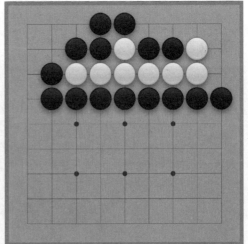

第 373 题

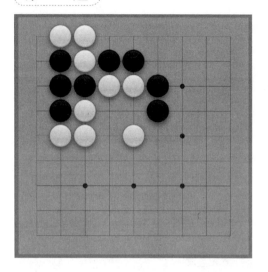

5. 应对错着

要求 （1）黑1是错着，针对黑1，白先，下出局部最佳结果。

（2）写出必要解题步骤。

第 374 题

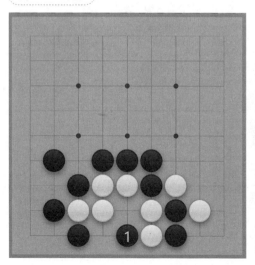

第 375 题

第 376 题

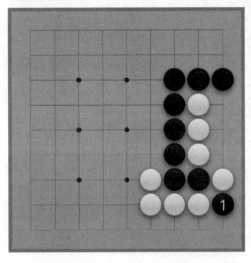

第 377 题

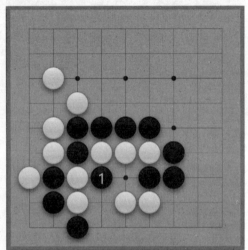

第 378 题

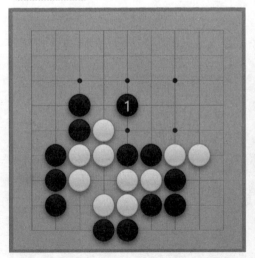

第 379 题

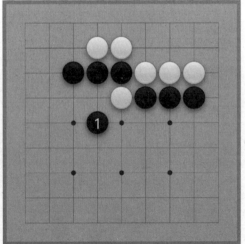

第 380 题

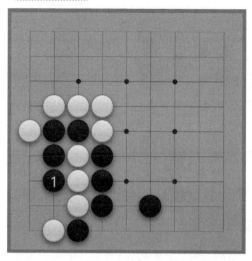

第 381 题

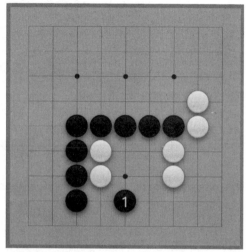

第 382 题

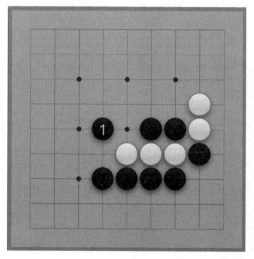

第 383 题

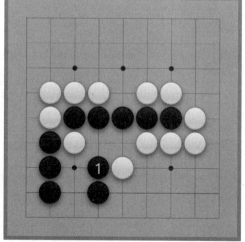

第 384 题

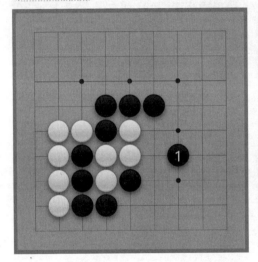

第 385 题

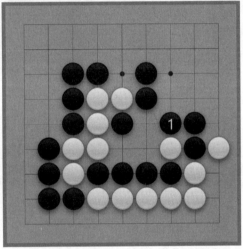

第五章

棋形

1. 判断好形与坏形

要 求 判断黑○子是否形成了好形，是好形打✓，不是好形打×。

第 386 题　（　　）

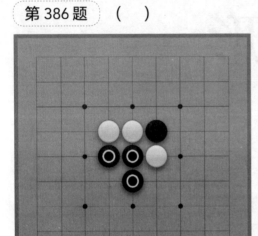

第 387 题　（　　）

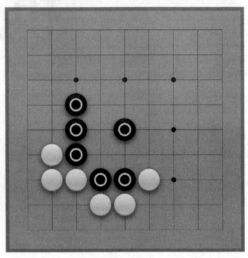

第 388 题　（　　）

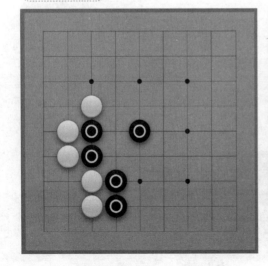

第 389 题　（　　）

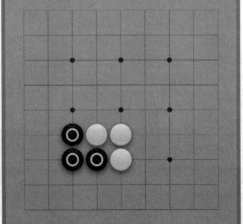

第 390 题　（　　）

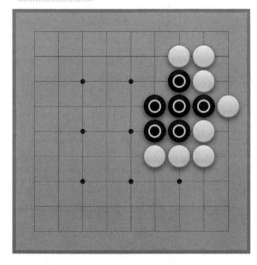

第 391 题　（　　）

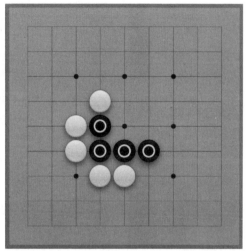

2. 判断裂形

要求　判断白1之后，图中黑棋是否形成了裂形，是裂形打√，不是打×。

第 392 题　（　　）

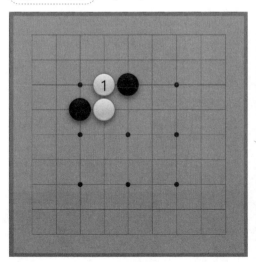

第 393 题　（　　）

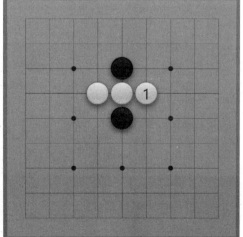

第 394 题　（　　）

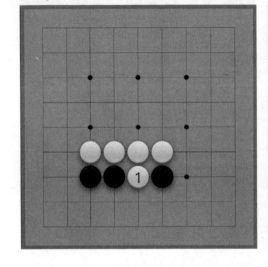

第 395 题　（　　）

第 396 题　（　　）

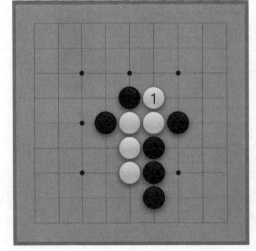

第 397 题　（　　）

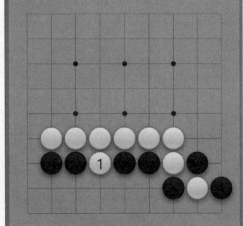

3. 走出好形

要 求　白先，应对黑1，下出局部好形。

第 398 题

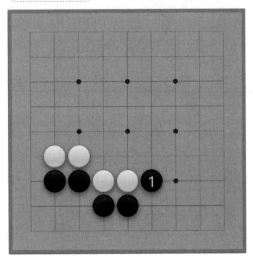

第 399 题

第 400 题

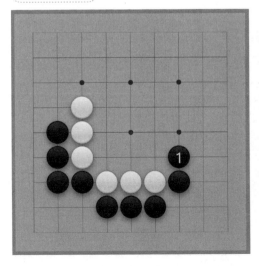

第 401 题

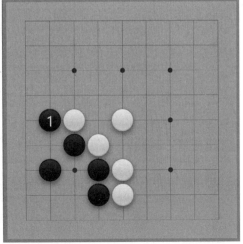

第 402 题

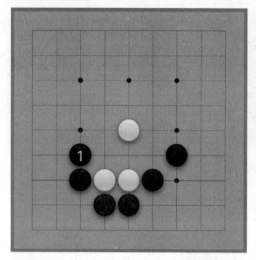

第 403 题

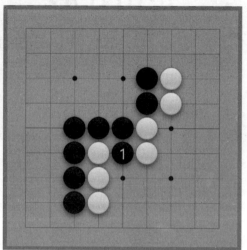

4. 破坏棋形

要求 白先，破坏黑棋棋形。

第 404 题

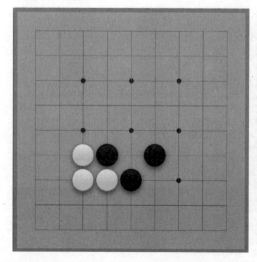

第 405 题

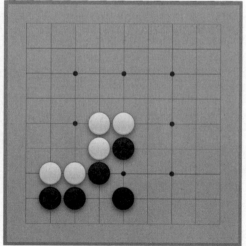

第 406 题

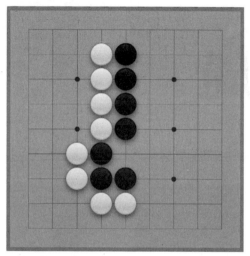

第 407 题

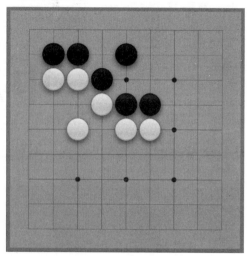

第 408 题

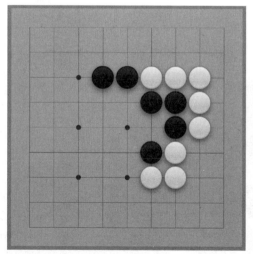

第 409 题

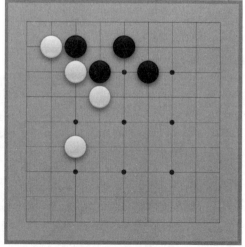

第六章

布局

1. 占角

要求 说出棋盘中数字对应的围棋术语。

第410题

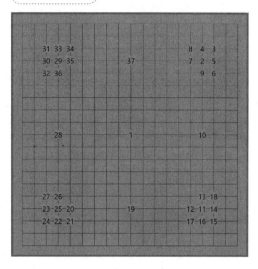

2. 守角

要求 黑先，按题目要求守角。答案可能不止一个。

第411题

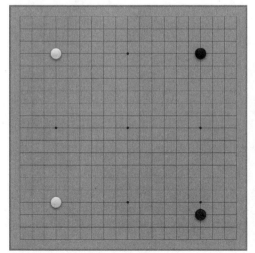

在右上角进行"小飞守角"。

第412题

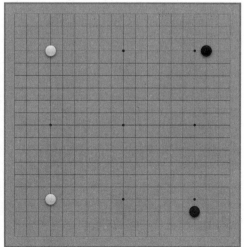

在右上角守"无忧角"。

第 413 题

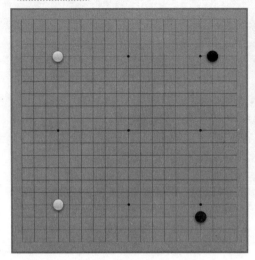

在右下角进行"大飞守角"。

第 414 题

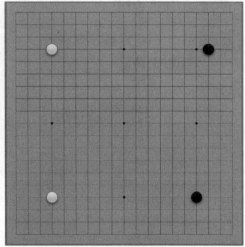

在右上角进行"单关守角"。

第 415 题

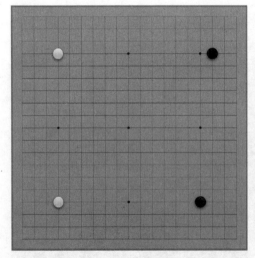

在右上角进行"二间跳守角"。

第 416 题

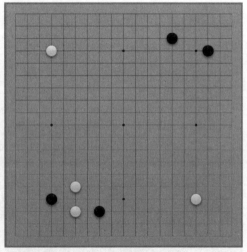

在左下角进行"二间跳"守角。

第 417 题

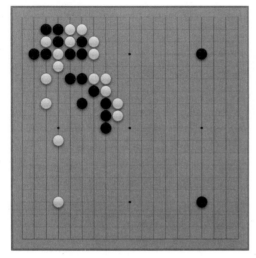

在右上角进行"大飞守角"。

第 418 题

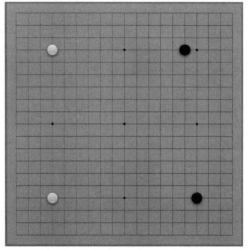

在右上角进行"单关守角"。

第 419 题

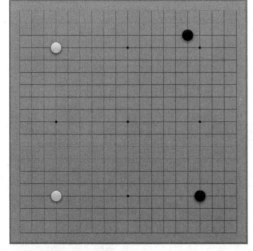

在右上角守"无忧角"。

第 420 题

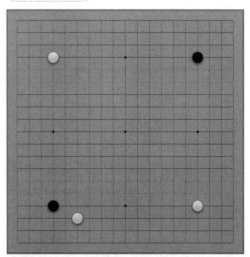

在左下角守"单关角"。

第 421 题

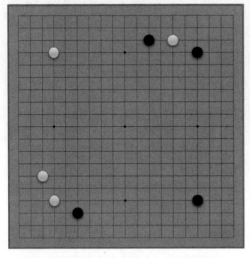

在右上角以占领"三三"的方式守角。

第 422 题

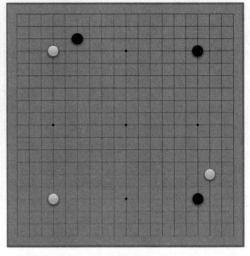

在右下角进行"小飞守角"。

3. 挂角

要 求 黑先，按题目要求守角。答案可能不止一个。

第 423 题

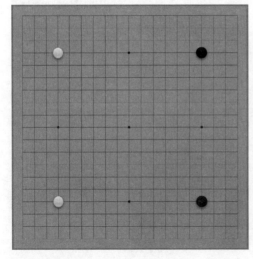

在左上角进行"小飞挂角"。

第 424 题

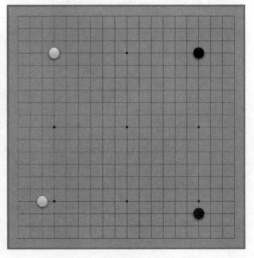

在左下角进行"小飞挂角"。

第 425 题

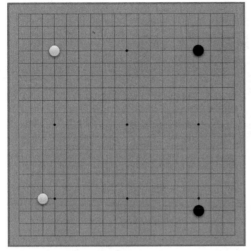

在左下角进行"高挂"。

第 426 题

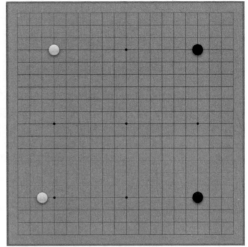

在左下角进行"大飞挂角"。

第 427 题

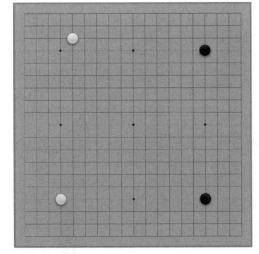

在左上角挂角。

第 428 题

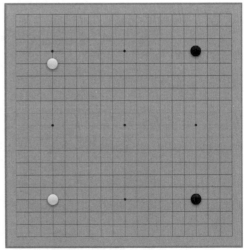

在左上角挂角。

4. 拆边

要求 黑先，选择正确的拆边选点。只有一个正确答案。

第 429 题

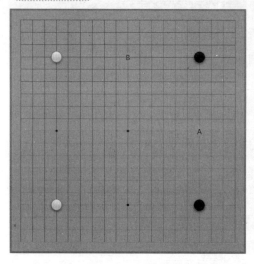

第 430 题

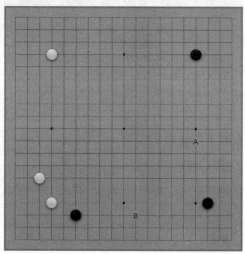

第 431 题

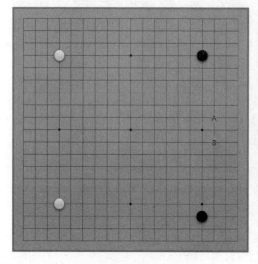

第 432 题

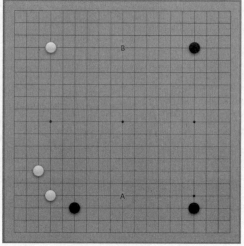

第 433 题

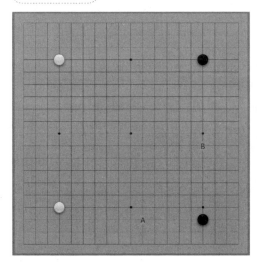

第 434 题

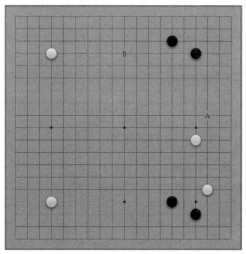

第 435 题

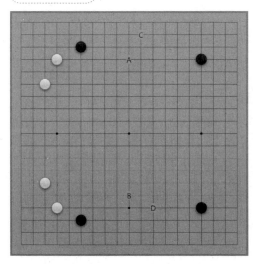

第 436 题

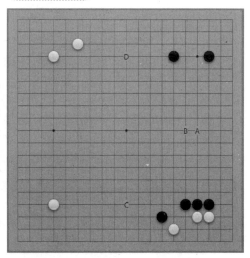

第 437 题

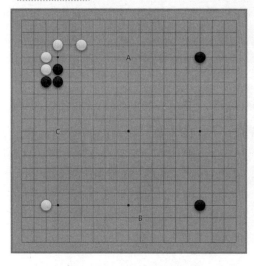

第 438 题

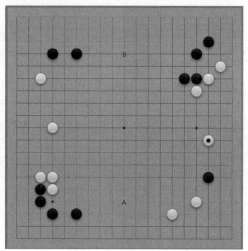

第 439 题

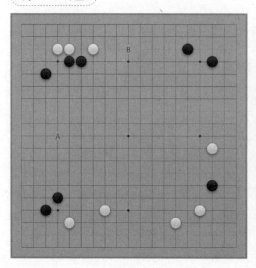

第 440 题

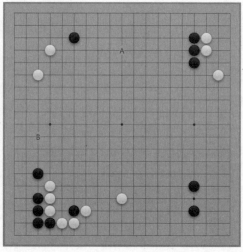

5. 定式

要 求 黑先，针对白1，按要求完成定式。

第 441 题

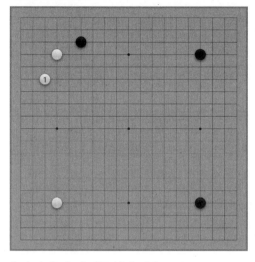

在左上角完成"双枪定式"。

第 442 题

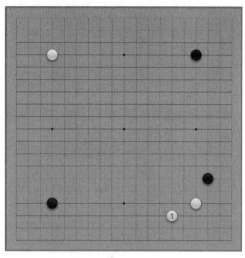

在右下角完成"双枪定式"。

第 443 题

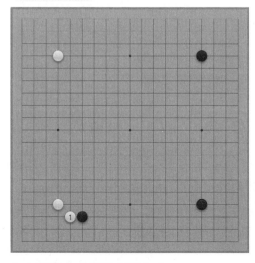

在左下角完成星位尖顶定式。

第 444 题

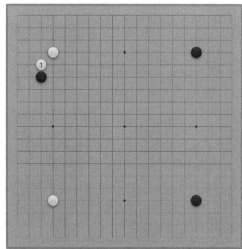

第 445 题

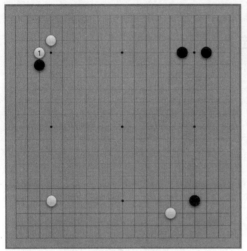

在左上角完成小目尖顶定式。

第 446 题

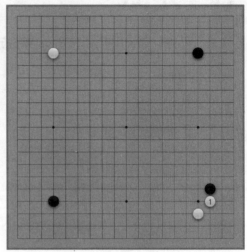

在右下角完成小目尖顶定式。

第 447 题

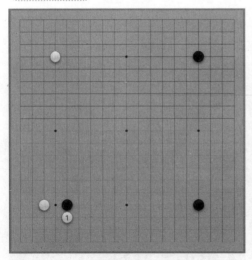

在左下角完成托退定式。

第 448 题

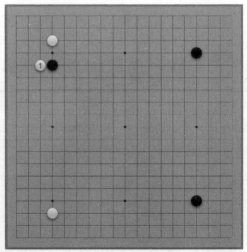

在左上角完成托退定式。

第 449 题

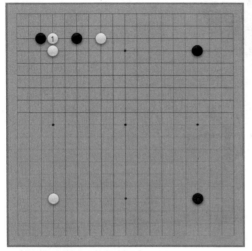

在左上角完成一间低夹点三三定式。

第 450 题

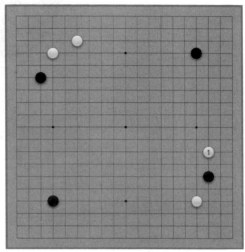

在右下角完成一间低夹点三三定式。

第 451 题

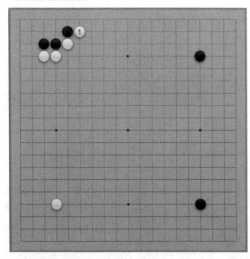

在左上角完成点三三定式。

第 452 题

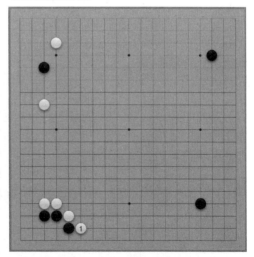

在左下角完成点三三定式。

第七章

官子

1. 单官

要求（1）黑先白后，占完棋盘上所有单官。
（2）写出完整过程，行棋次序无要求，准确识别单官并占领即可。

第 453 题

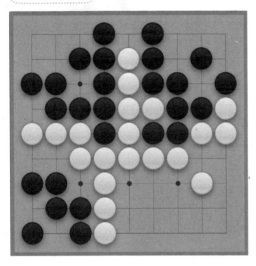

第 454 题

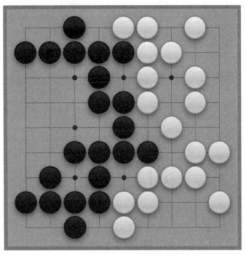

第 455 题

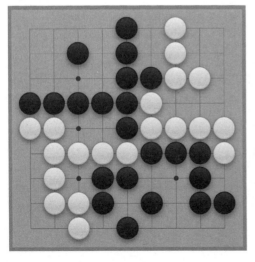

第 456 题

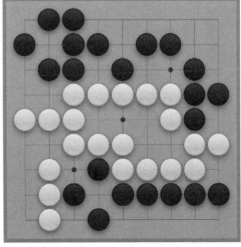

第 457 题

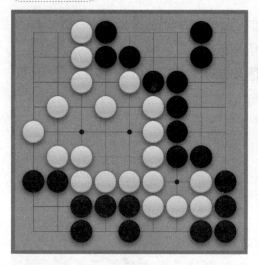

第 458 题

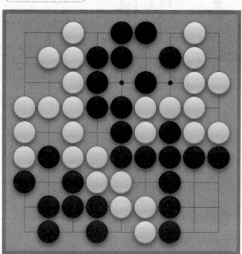

2. 冲与挡

要 求 （1）黑冲白挡收完官子。

（2）写出完整过程，行棋次序无要求。

第 459 题

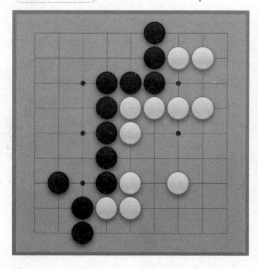

第 460 题

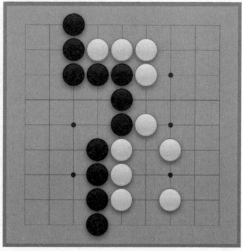

第 461 题

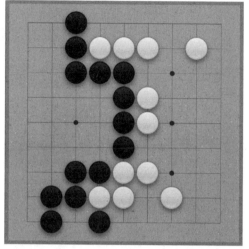

第 462 题

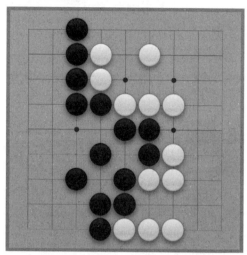

第 463 题

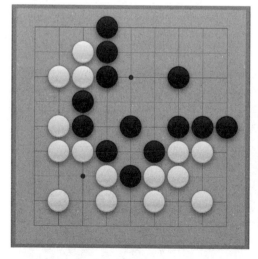

第 464 题

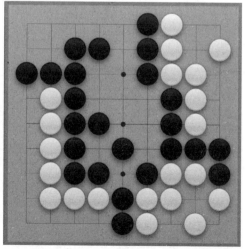

3. 一路扳粘

要求 （1）黑先，收好一路扳粘官子。
（2）写出完整过程。

第 465 题

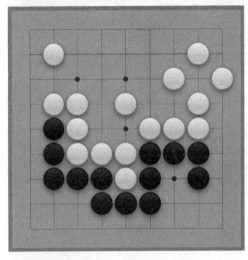

第 466 题

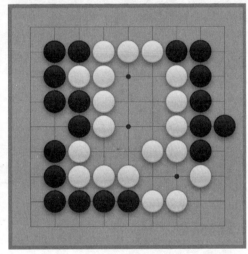

第 467 题

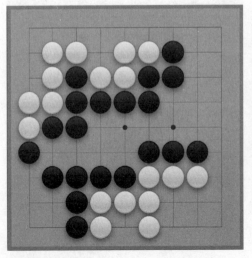

第 468 题

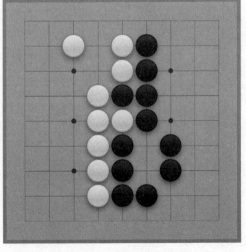

（提示：要注意次序，先走先手"扳粘"。）

第 469 题

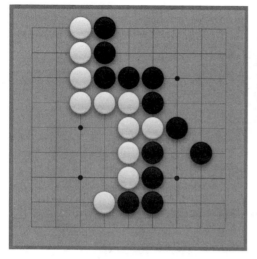

第 470 题

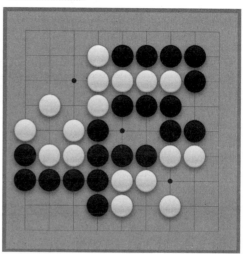

4. 二路扳粘

要求 （1）黑先，二路扳粘收官。

（2）收完最后一个官子，写出完整过程。

第 471 题

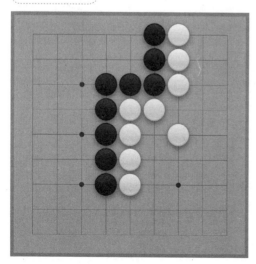

第 472 题

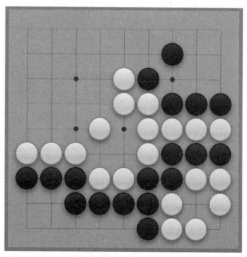

第 473 题

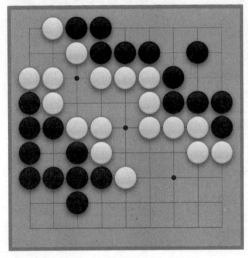

第 474 题

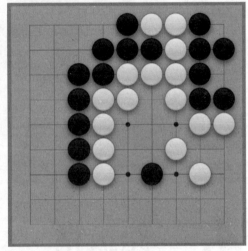

第 475 题

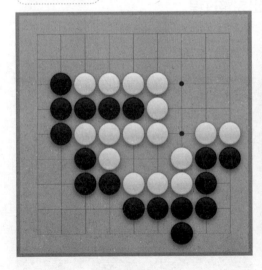

第 476 题

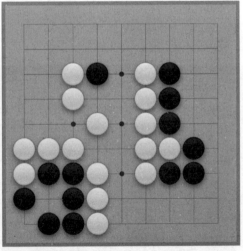

（先走先手扳粘）

5. 补棋

要求 （1）黑先，找到自身缺陷并补强。

（2）做题时要有逆向思维，如果黑方不补棋，我们执白该如何惩罚对手。

第 477 题

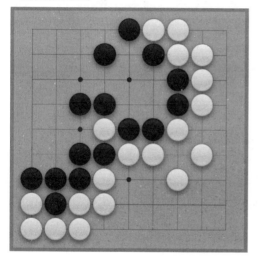

第 478 题

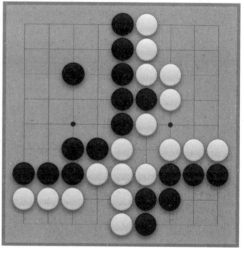

第 479 题

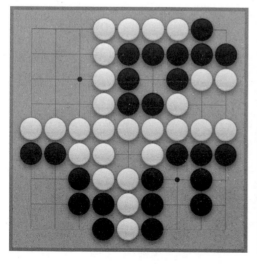

第 480 题

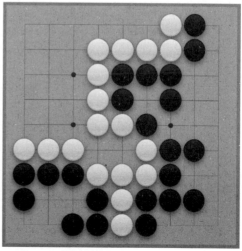

第 481 题

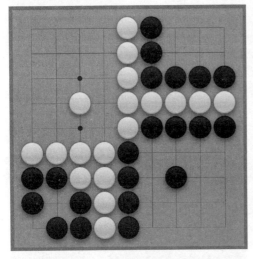

第 482 题

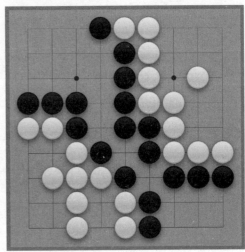

第 483 题

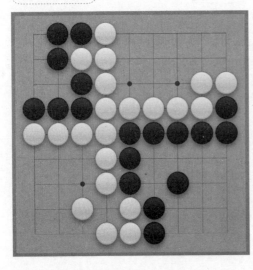

第 484 题

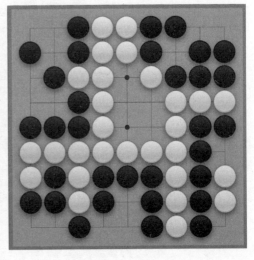

第 485 题

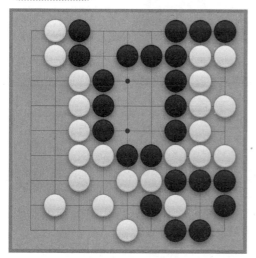

第 486 题

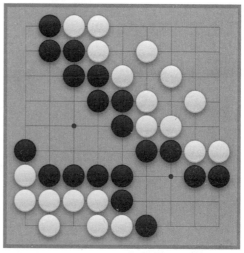

第 487 题

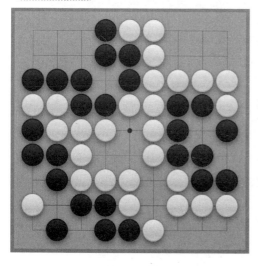

第 488 题

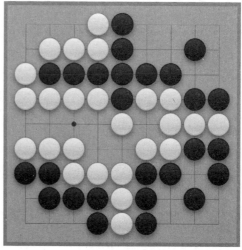

第 489 题

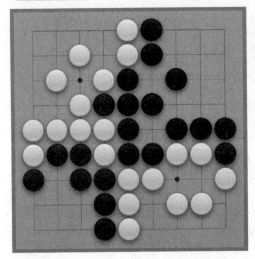

第 490 题

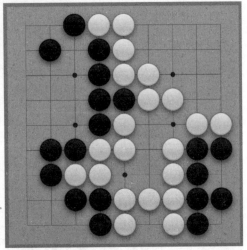

第 491 题

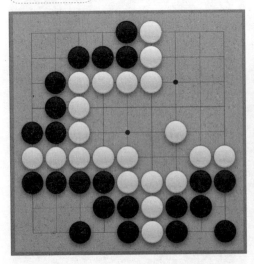

第 492 题

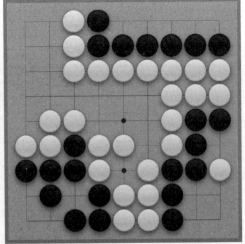

第 493 题

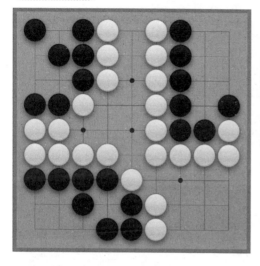

第 494 题

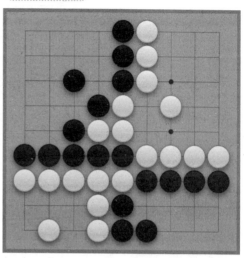

6. 点目

要 求 ○代表提子留下的交叉点，△表示提子后粘上的交叉点，计算出黑方的空。

第 495 题

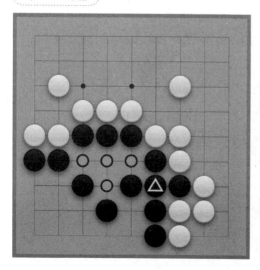

第 496 题

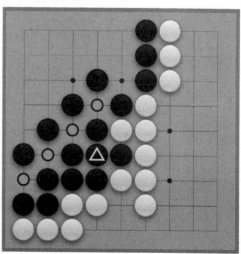

第 497 题

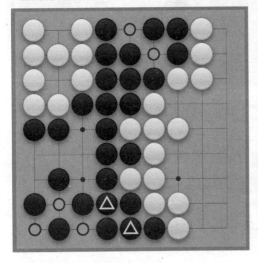

第 498 题

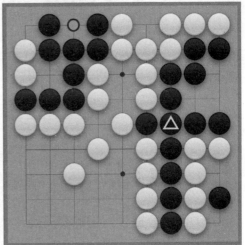

第 499 题

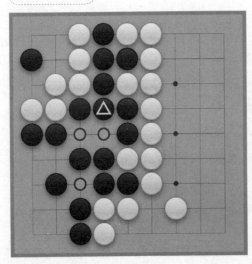

第 500 题

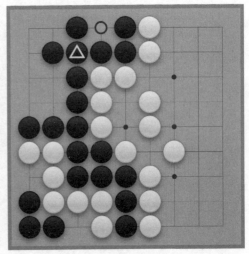

7. 判断官子大小

要求　（1）黑先，按照官子价值，从大到小收官。
　　　（2）写出完整行棋过程。

第 501 题

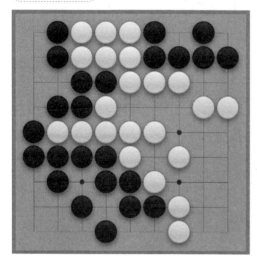

第 502 题

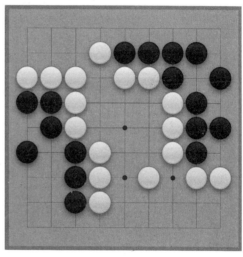

第 503 题

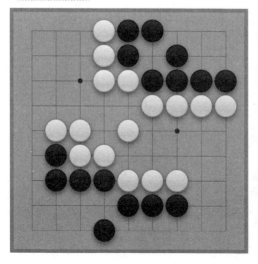

第 504 题

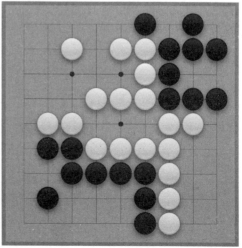

第 505 题

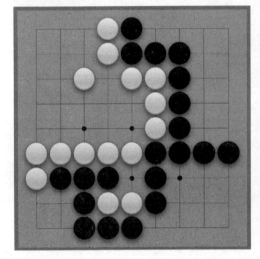

第 506 题

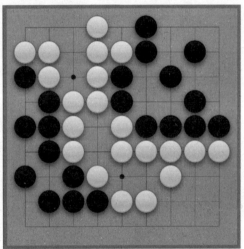

第 507 题

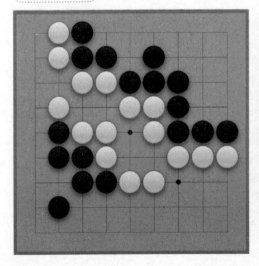

第 508 题

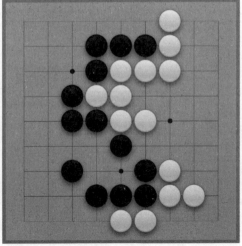

第 509 题

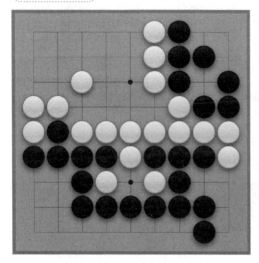

第 510 题

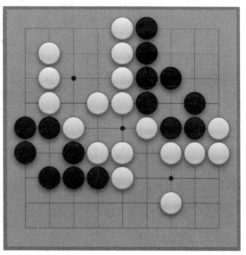

第 511 题

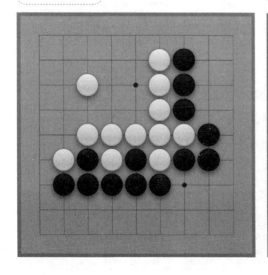

第 512 题

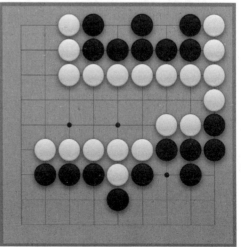

参考答案

第1题
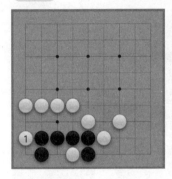

第2题　黑3则白2
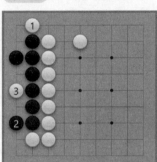

第3题　　　3=1
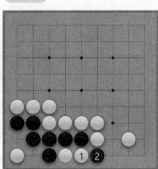

第4题　黑3则白2
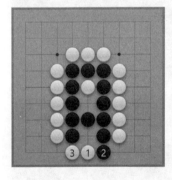

第5题　　3=1
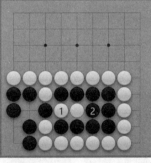

第6题　　　（1）
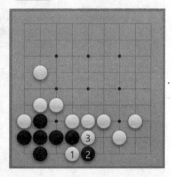

第6题　　（2）
7=3
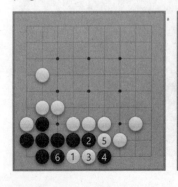

第7题　黑3则白2

第8题
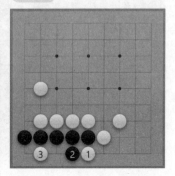

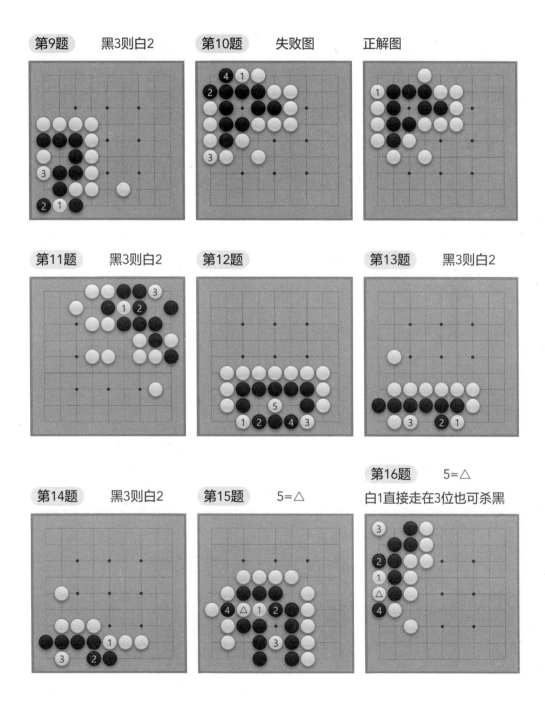

第9题　黑3则白2

第10题　失败图　正解图

第11题　黑3则白2

第12题

第13题　黑3则白2

第14题　黑3则白2

第15题　5=△

第16题　5=△

白1直接走在3位也可杀黑

第17题

第18题

第19题

第20题

第21题

第22题

第25题　本题结果为
"金鸡独立"，黑3则白2

第23题

第24题

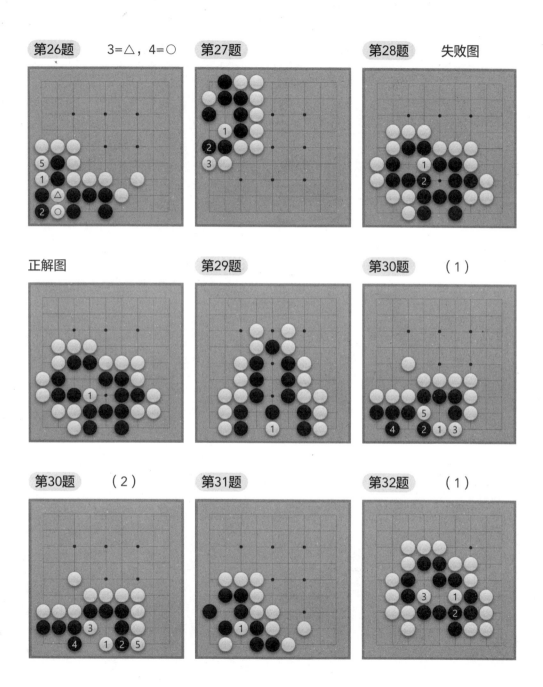

第32题　（2）

第33题

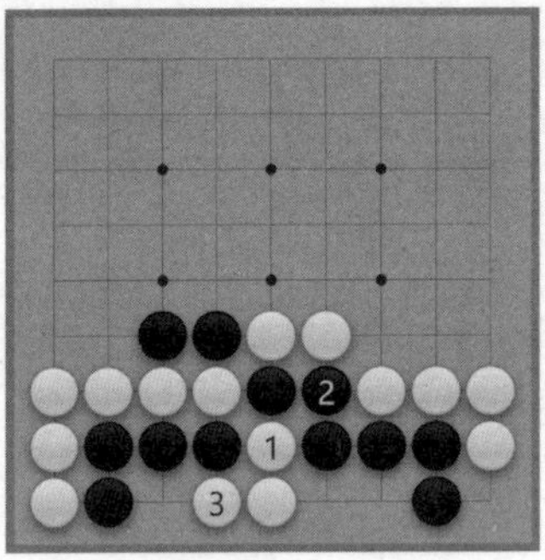

第34题

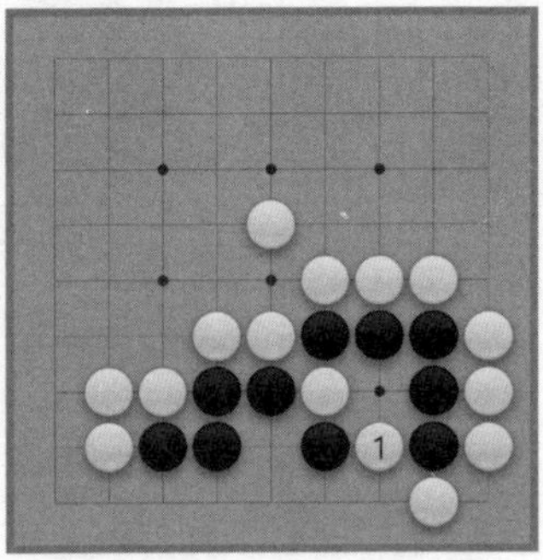

第35题　3=1

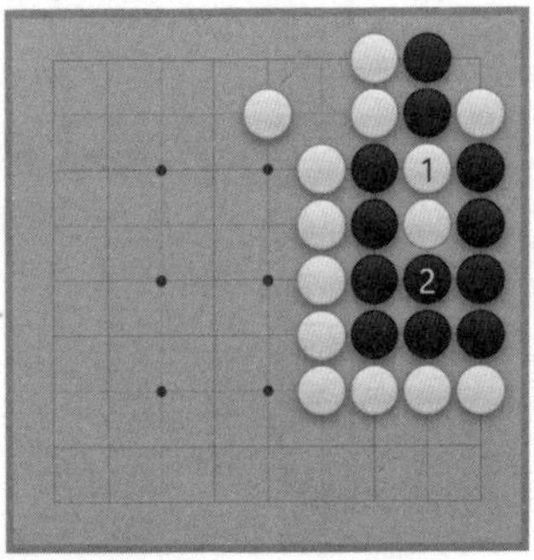

第36题　失败图 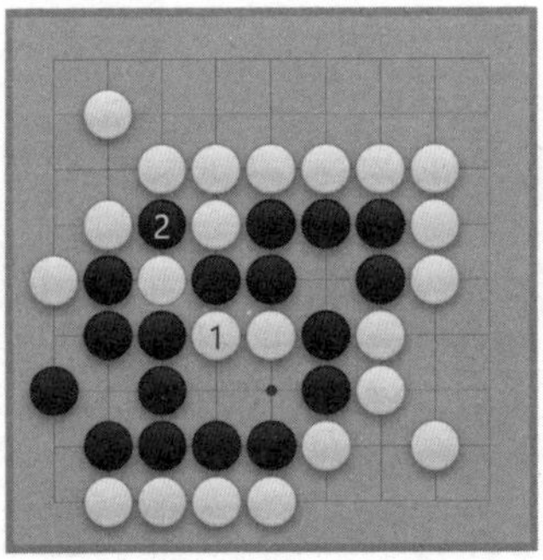　　正解图

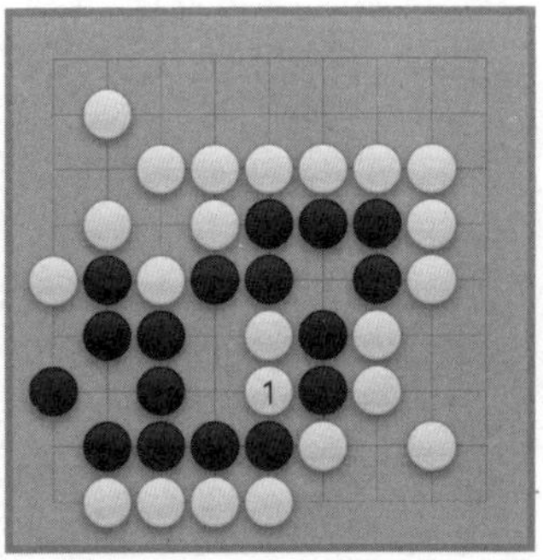

第37题

第38题

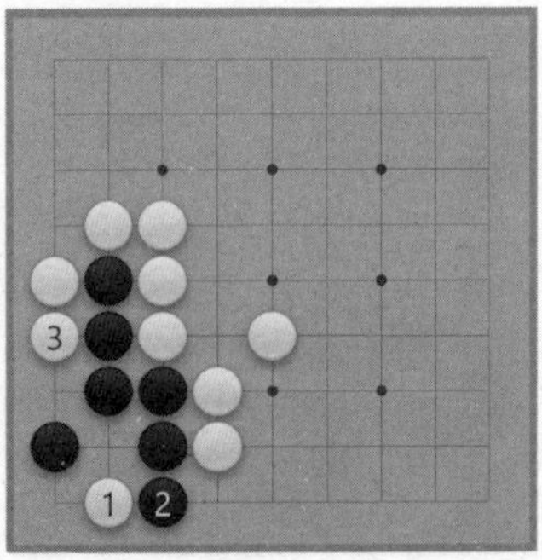

第39题

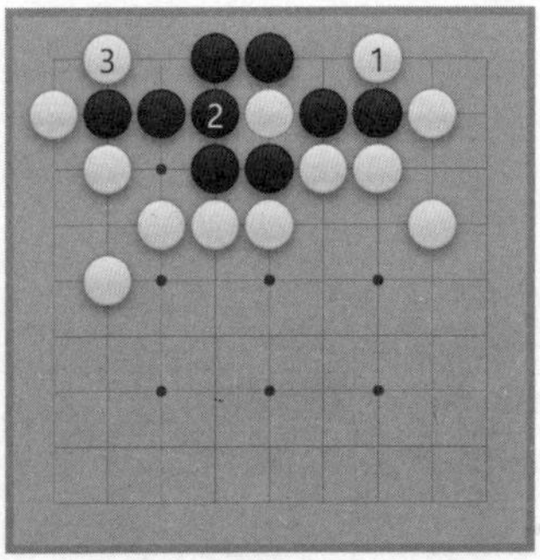

第40题

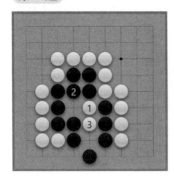

第41题

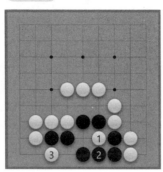

第42题

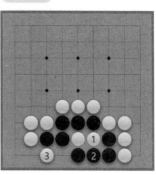

第43题　　失败图

正解图

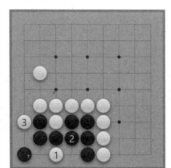

第44题

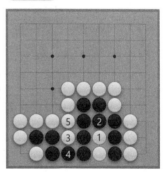

第47题　　白1走在3位也
是正解

第45题

第46题

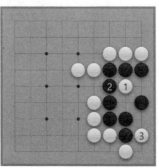

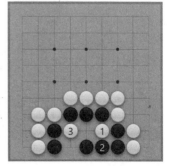

143

第48题

第49题 黑5则白4

第50题 3=△

第51题

第52题

第53题 黑3则白2

第54题

第55题 黑5则白4

第56题 黑3则白2

第57题

第58题　失败图

正解图

黑3则白2

第59题　黑3则白2

第60题　5=△

第61题　3=1

第62题　3=1

第63题

第64题

第65题

第66题

第67题　　失败图

正解图

第68题

第69题

第70题　　失败图

正解图

第71题　　（1）

5=2

第71题　（2）

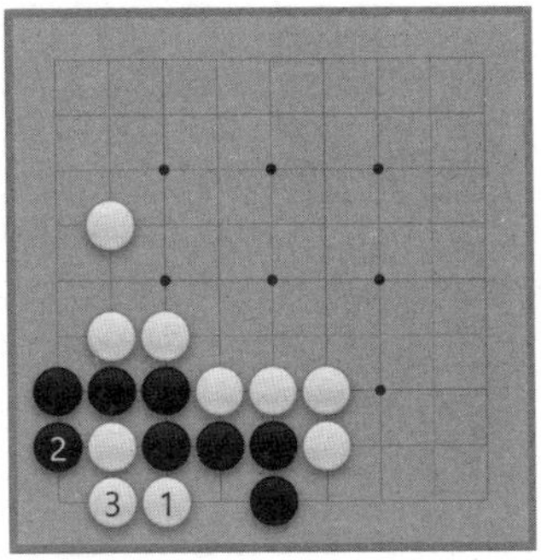

第72题

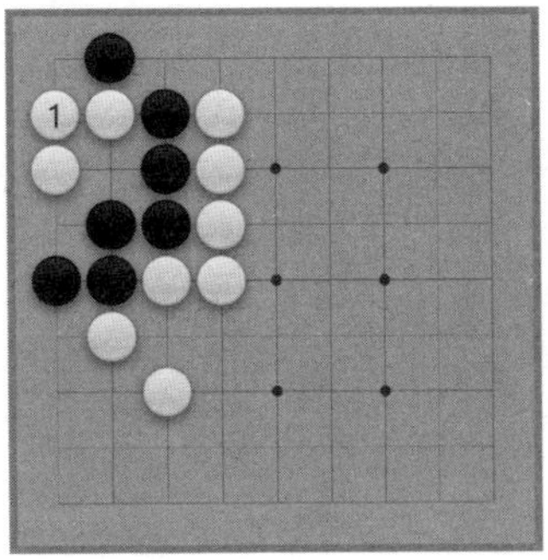

第73题

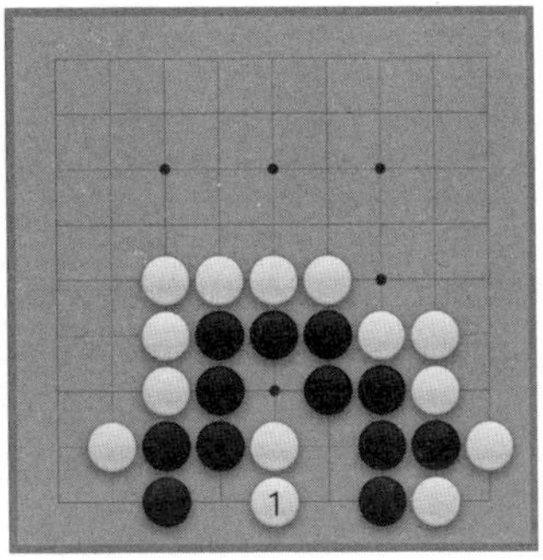

第74题

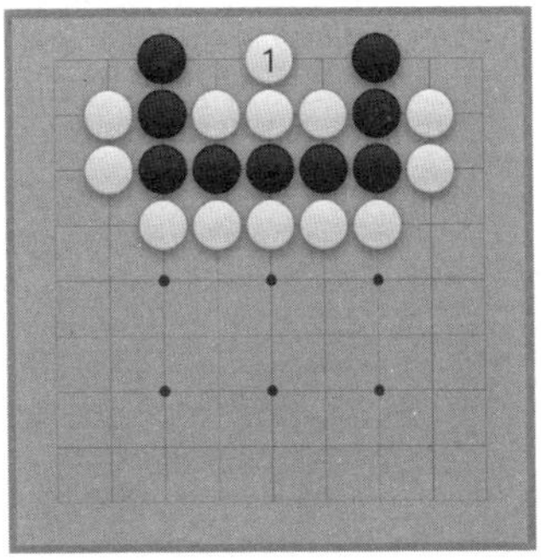

第75题　5=3

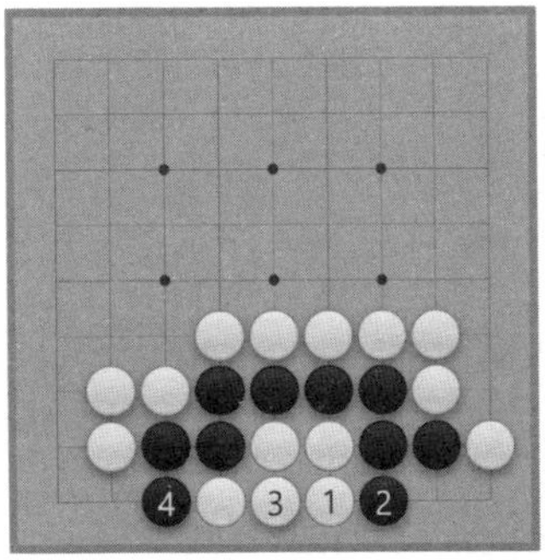

第76题　3=△

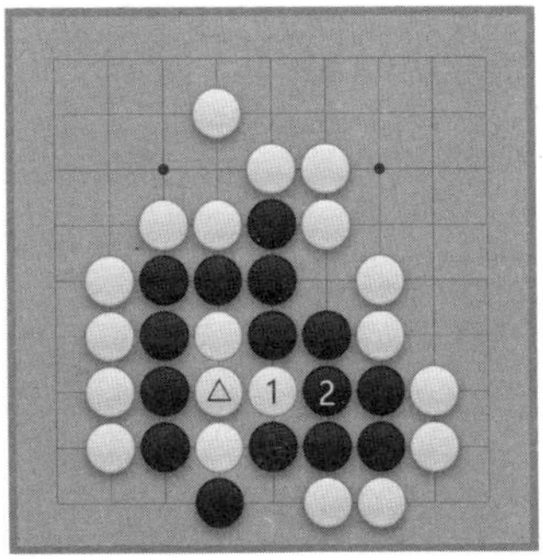

第77题　3=△

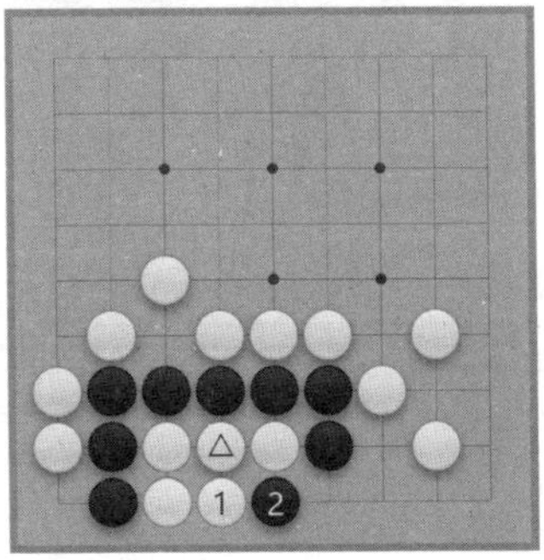

第78题　失败图

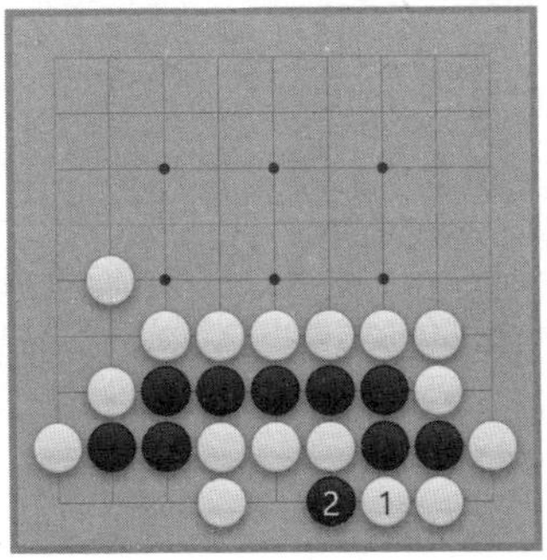

第78题　正解图1

○处不入气

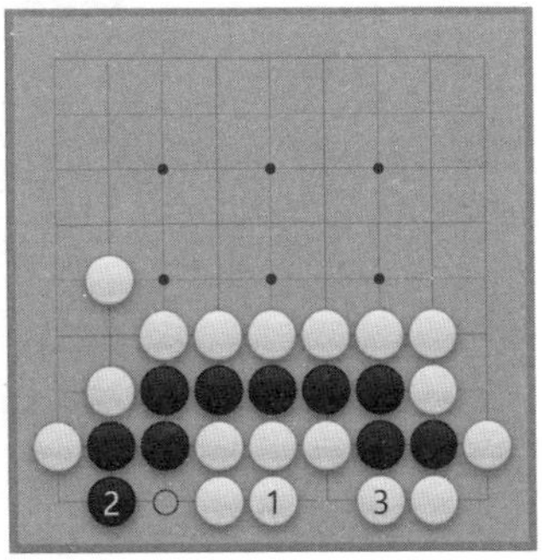

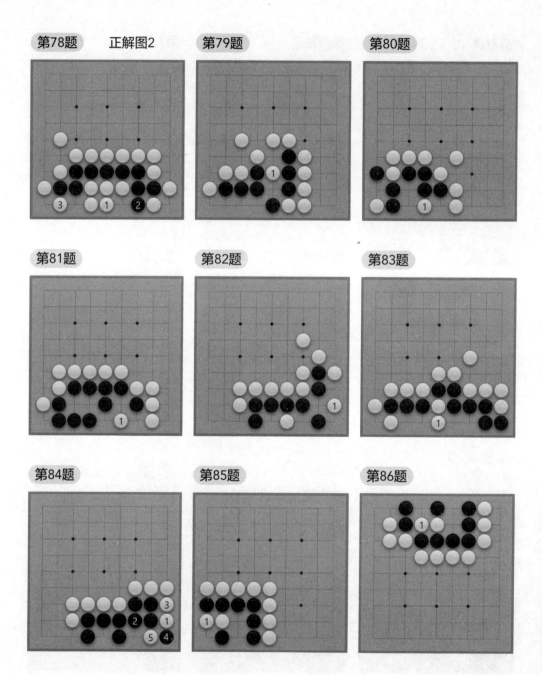

第78题　正解图2

第79题

第80题

第81题

第82题

第83题

第84题

第85题

第86题

第87题

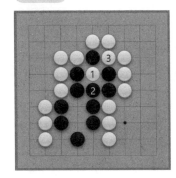

第88题

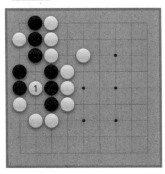

第89题

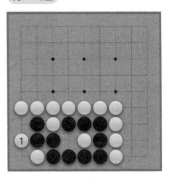

第90题

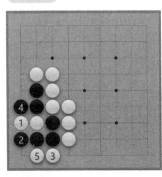

第91题

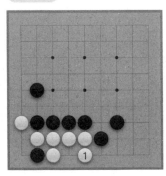

第92题　2位也是正解

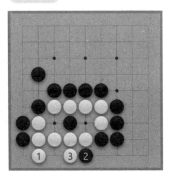

第93题　　（1）

两边同形，白1虎在另一边
也是正解

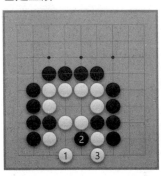

第93题　　（2）

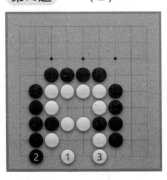

第94题　　失败图

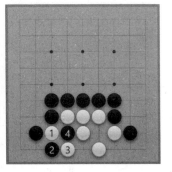

正解图

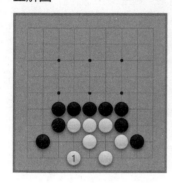

第95题

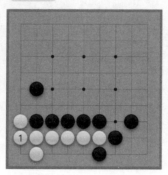

第96题

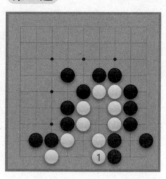

第97题　　失败图　　　正解图

第98题

白1立在2位也是正解

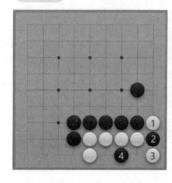

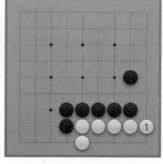

此图的白1也能做活，但目
数受损，不如正解图

第99题　　失败图　　　正解图

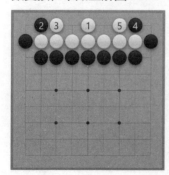

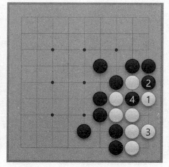

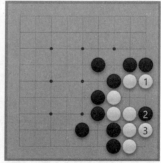

第100题

此图白1也能做活，但目数
受损，不正解图

第101题

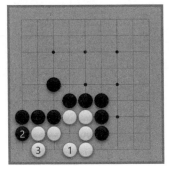

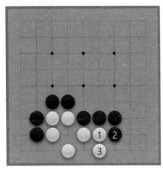

第102题　　失败图　　　　正解图

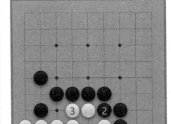

第103题　黑3则白2

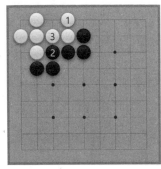

第104题　　　　3=△

第105题　　失败图　　　　正解图

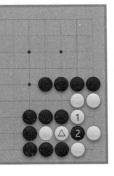

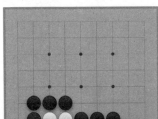

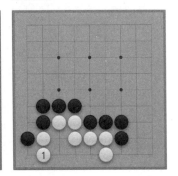

第106题　失败图　　正解图　　第107题　失败图

正解图　　第108题　　第109题

第110题　失败图　　正解图　　第111题

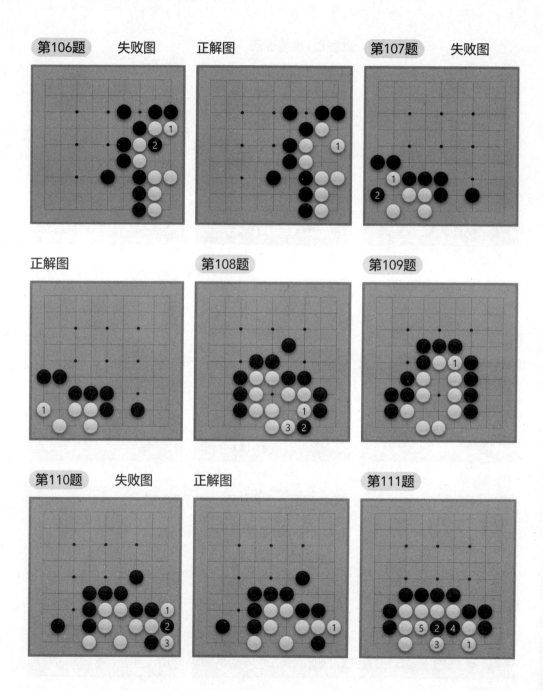

第112题

第113题

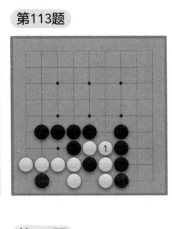

第114题　失败图

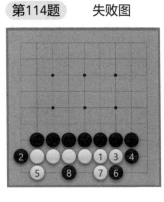

正解图

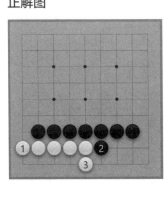

第115题

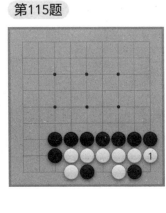

第116题

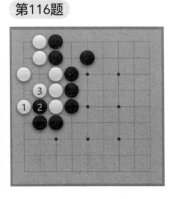

第117题　失败图

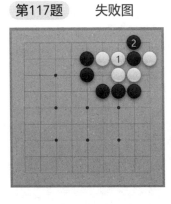

正解图

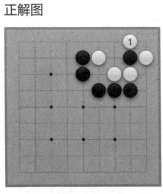

第118题

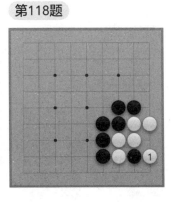

第119题

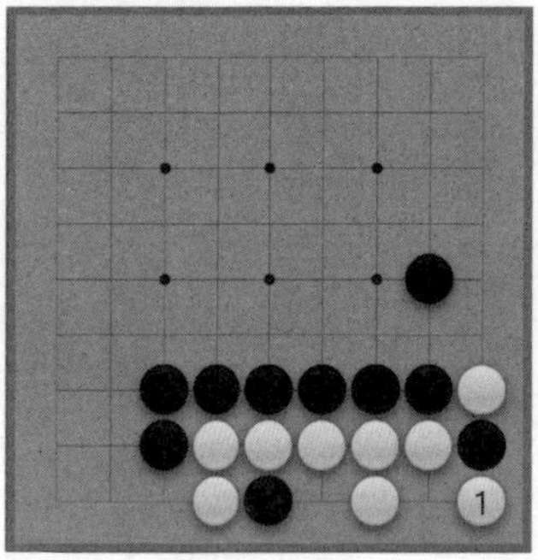

第120题

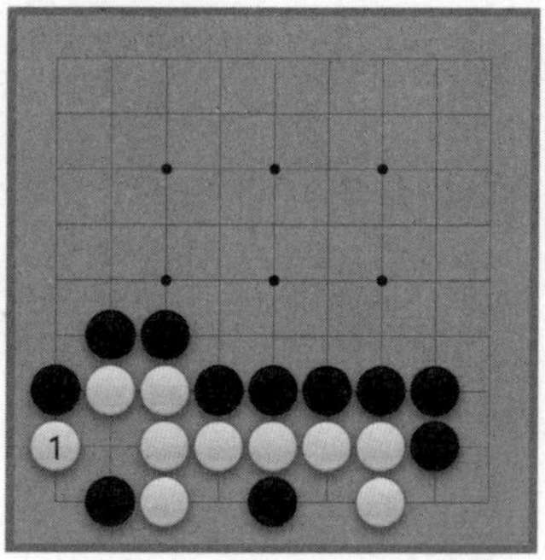

第121题

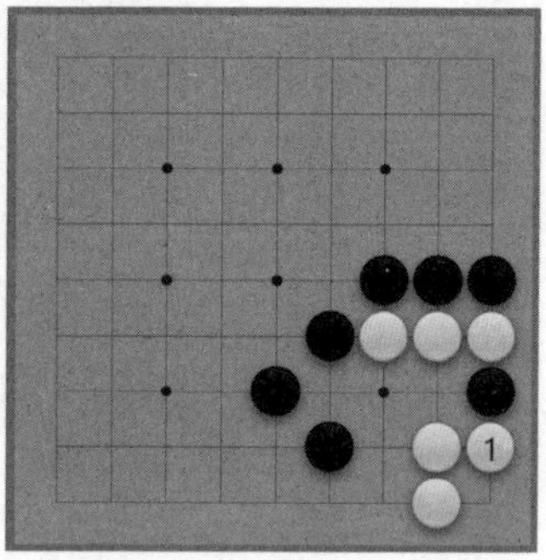

第122题

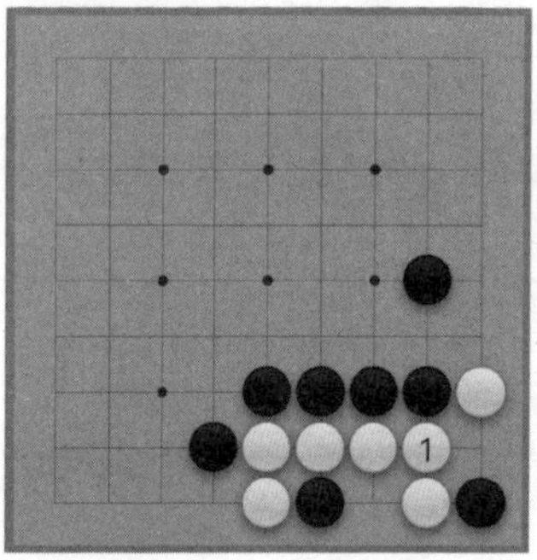

第123题　　失败图

局部成双活

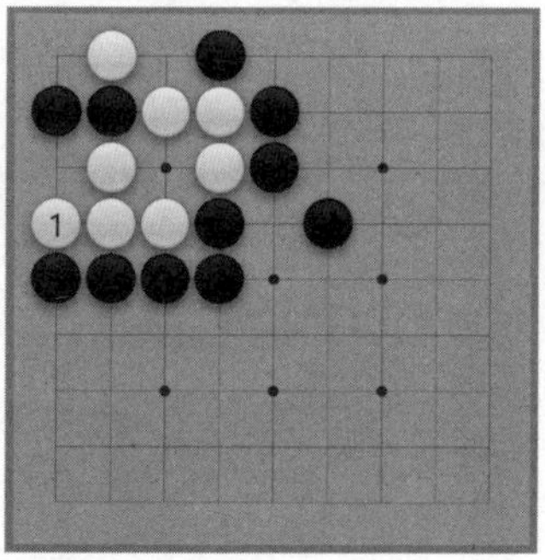

正解图

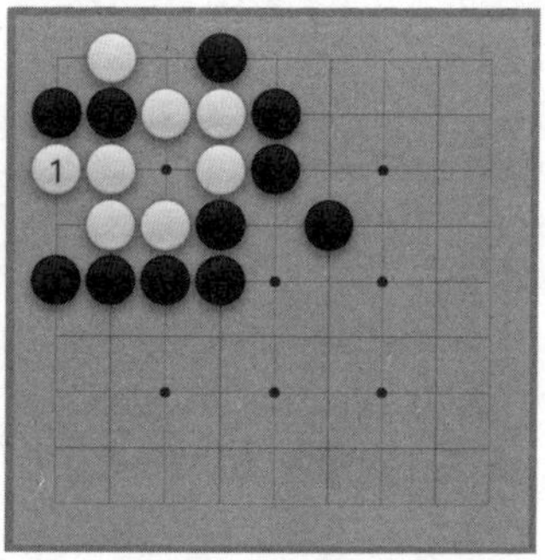

第124题　　失败图

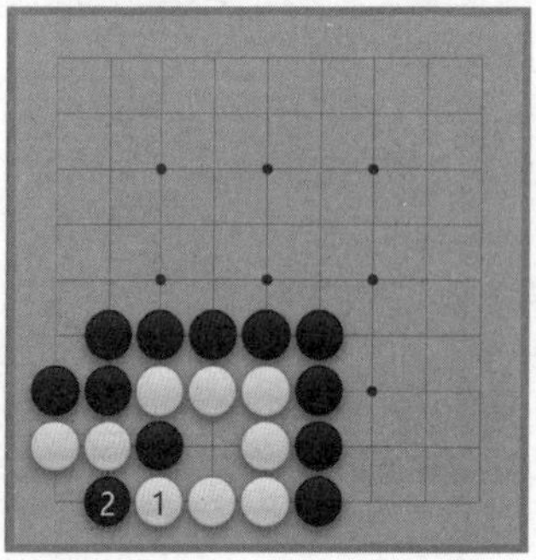

正解图

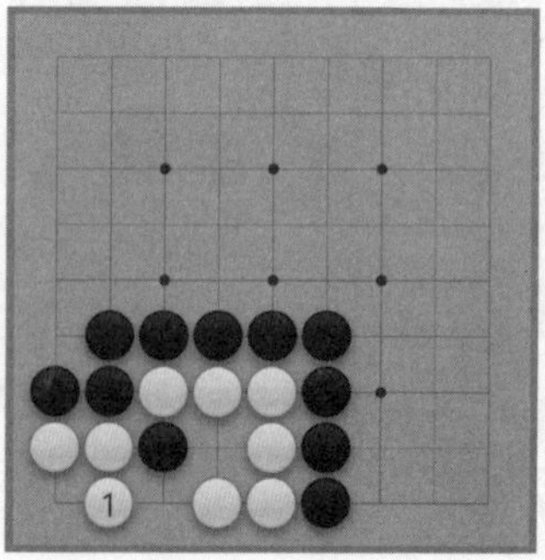

第125题

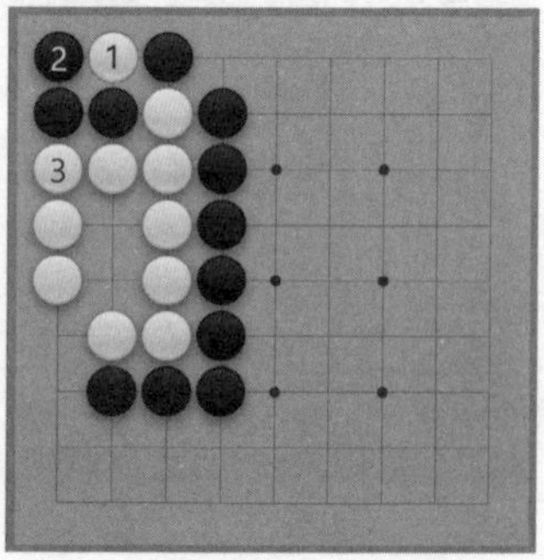

第126题

第127题　　失败图　　　　正解图

第128题　　（1）

第128题　　（2）

第129题　　黑3则白2

第130题　　失败图　　　　正解图

第131题

第132题

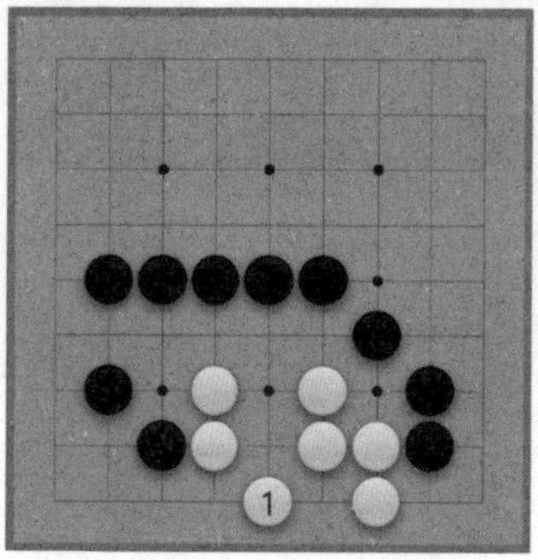

第133题

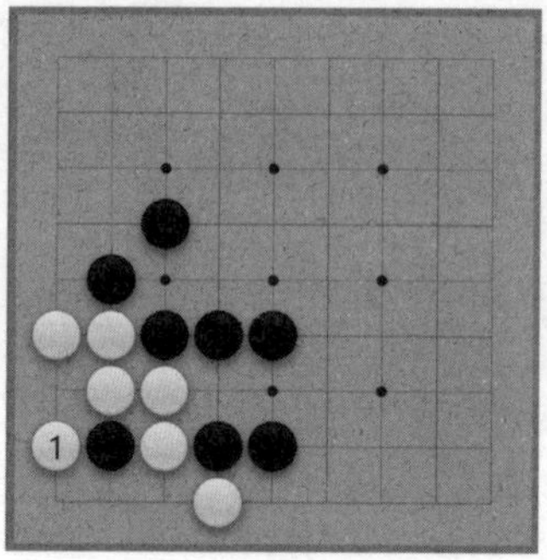

第134题　失败图

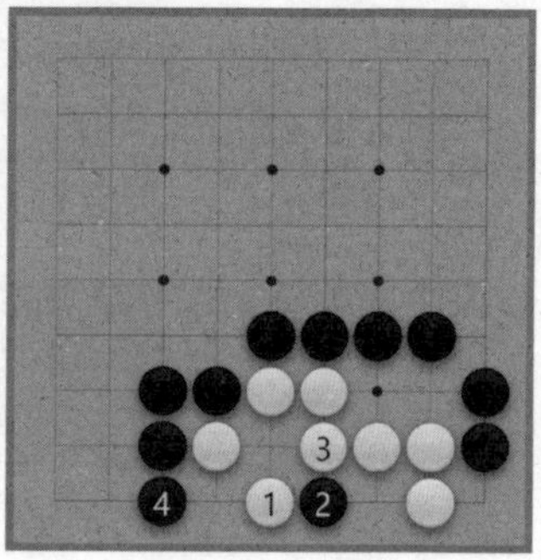

正解图一

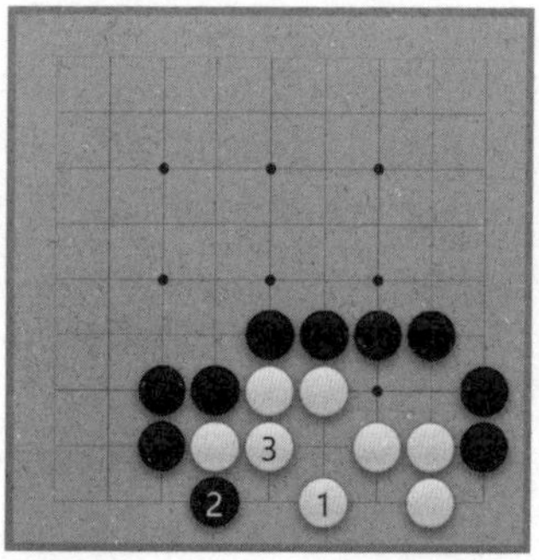

正解图二

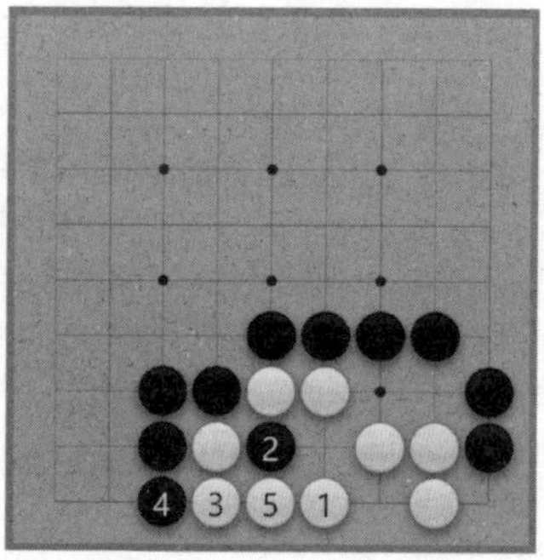

第135题

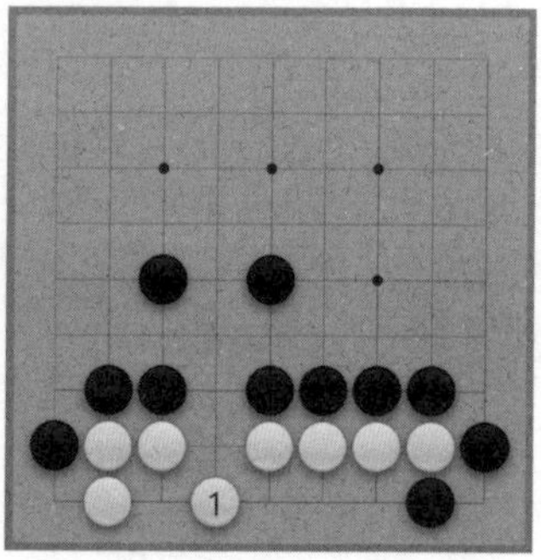

第136题　失败图

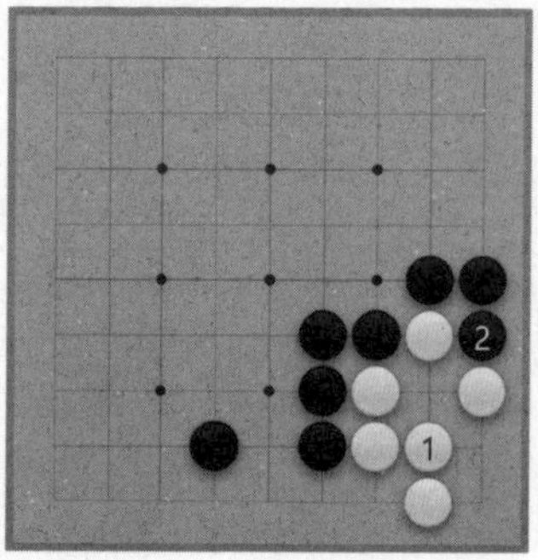

正解图

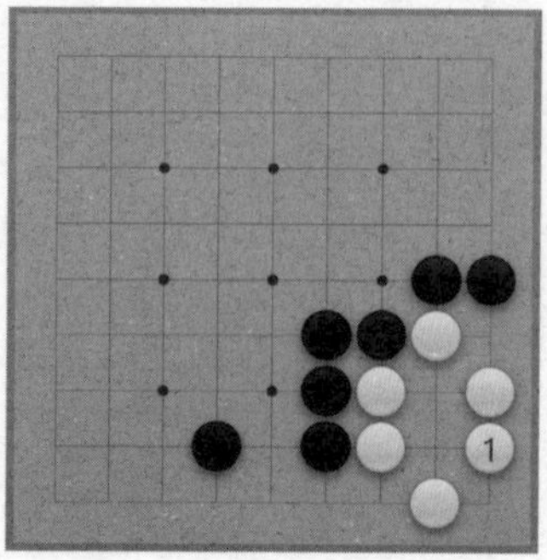

第137题　3=△

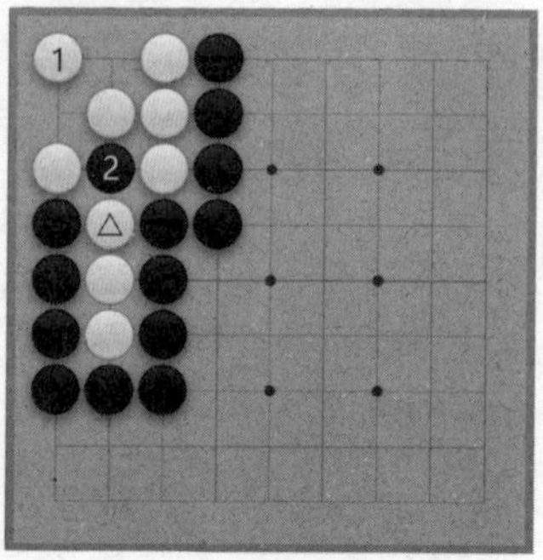

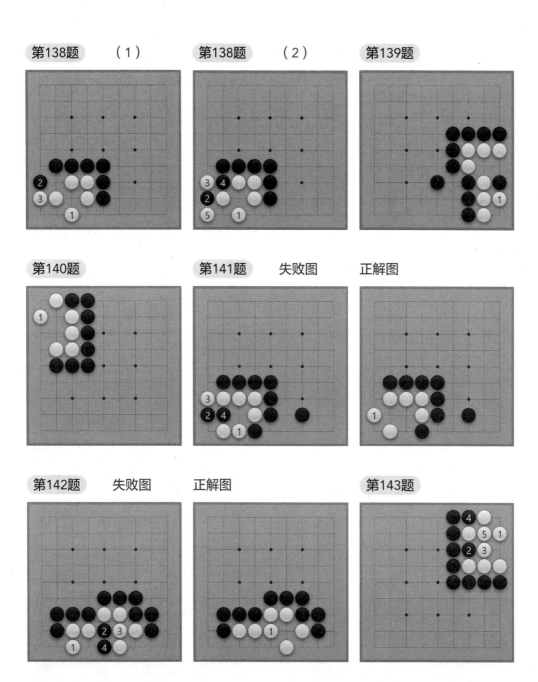

第138题 （1）

第138题 （2）

第139题

第140题

第141题　失败图　　正解图

第142题　失败图　　正解图

第143题

第144题

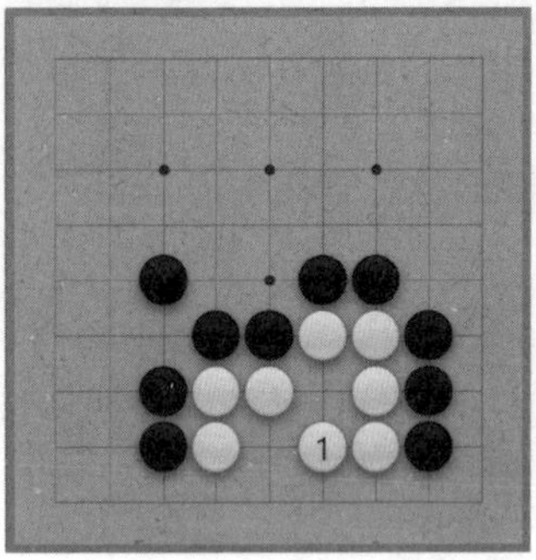

第145题

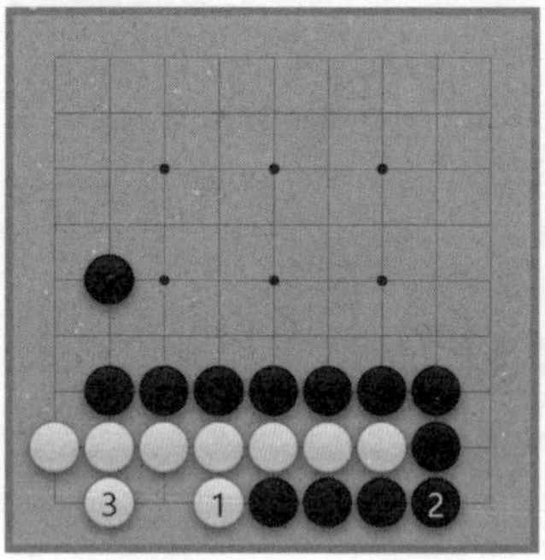

第146题 （1）

2=△

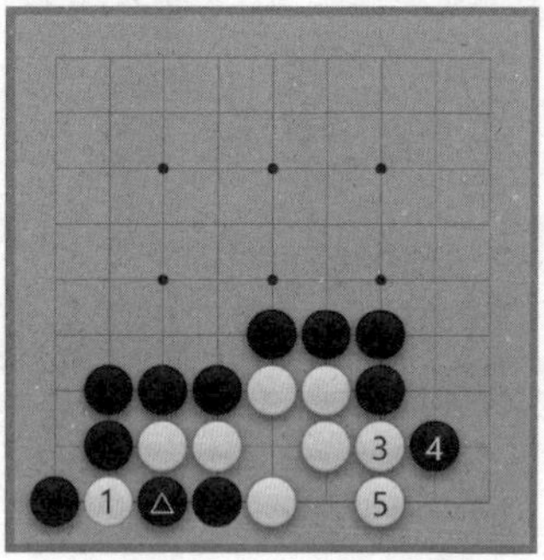

第146题 （2）

3=△

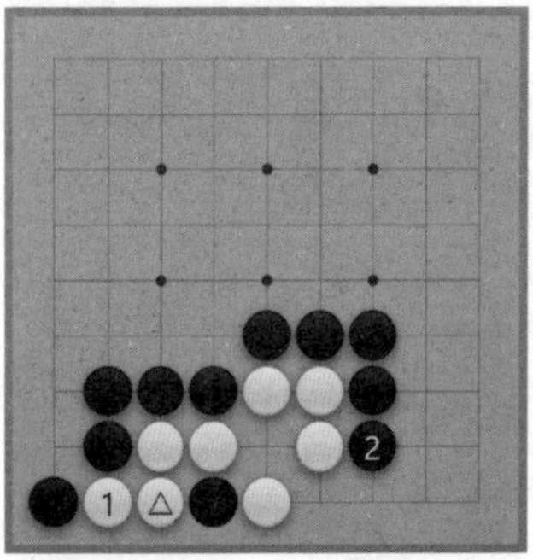

第147题

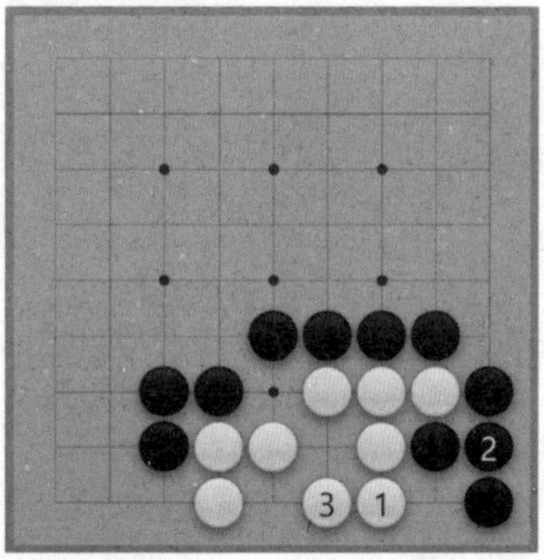

第148题

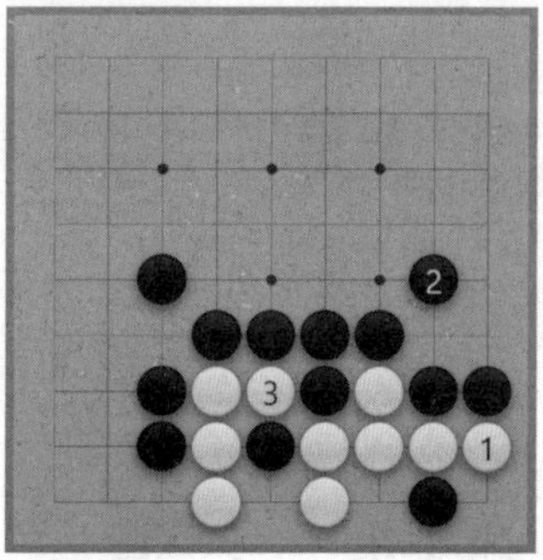

第149题

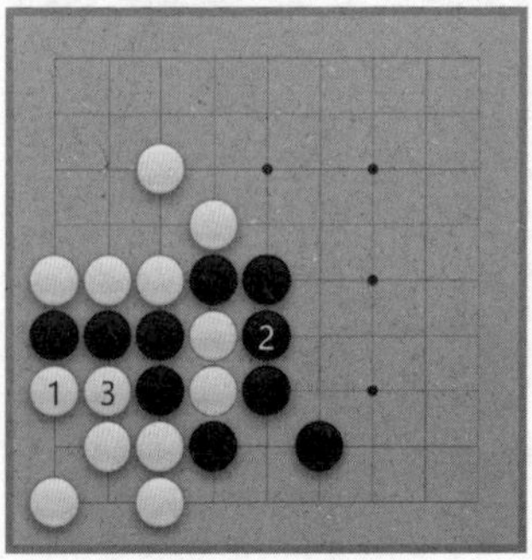

第150题

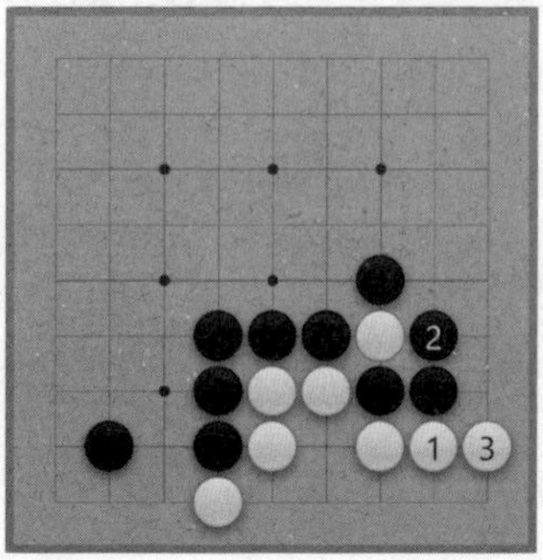

第151题

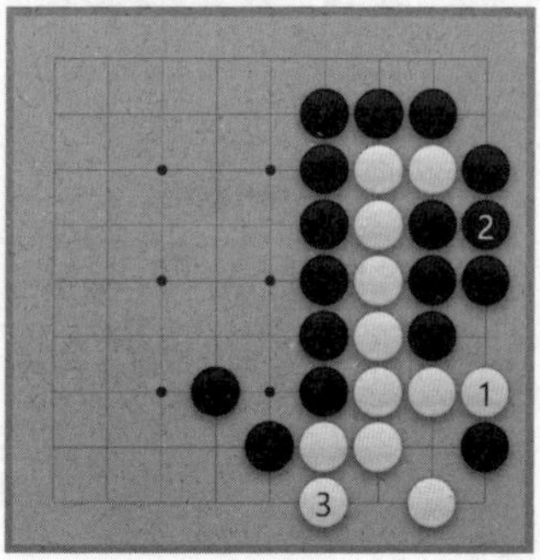

第152题

第153题

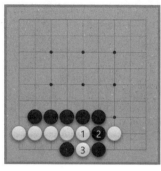

第154题

先3后1也是正解

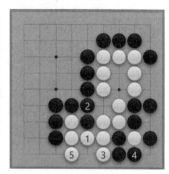

第155题

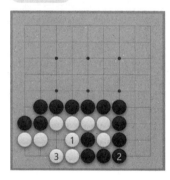

第156题   失败图   正解图   4=1

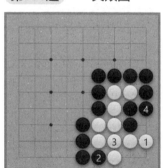

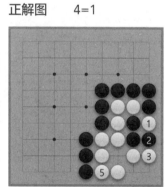

第157题

白3下在○处也可以

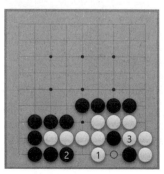

第158题

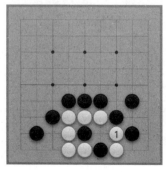

第159题

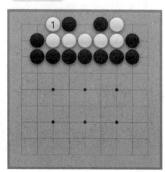

第160题

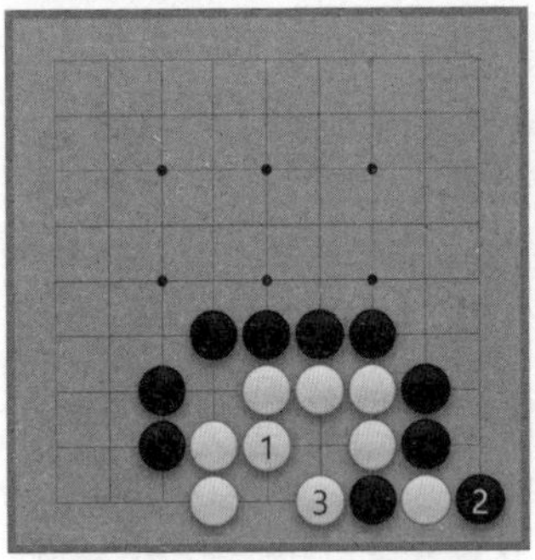

第161题

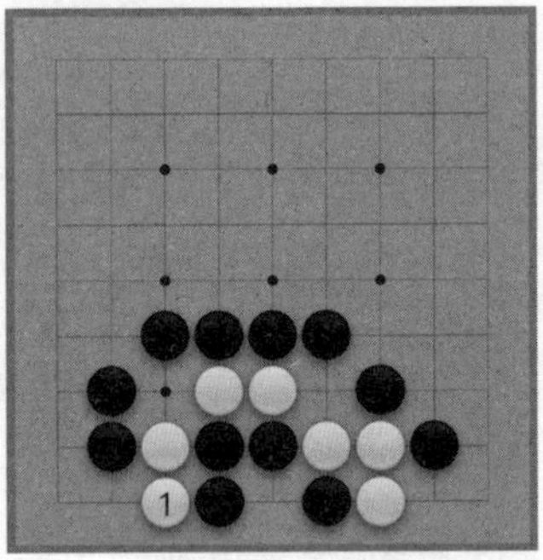

第162题

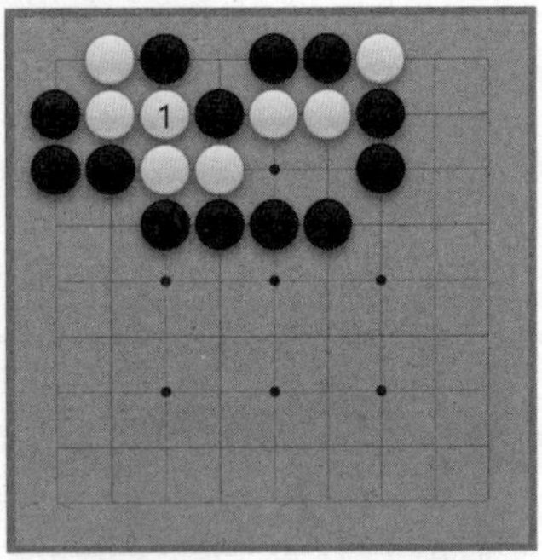

第163题

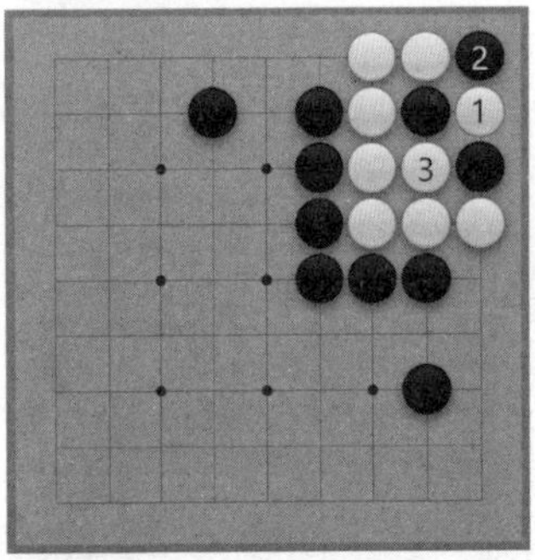

第164题

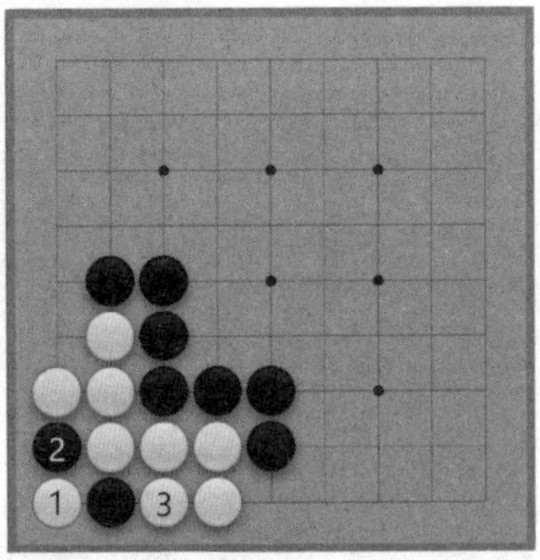

第165题

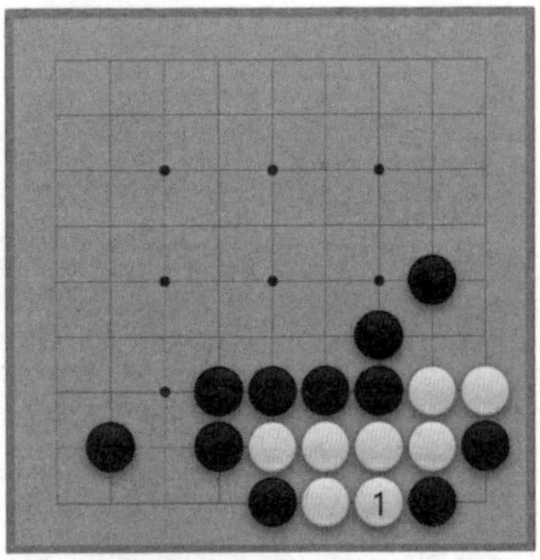

第166题

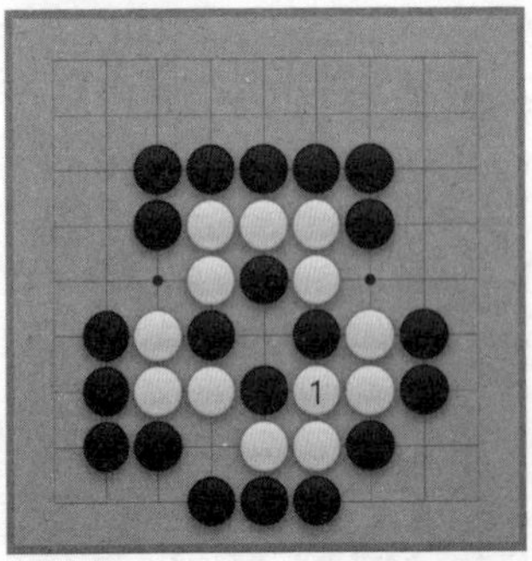

第167题

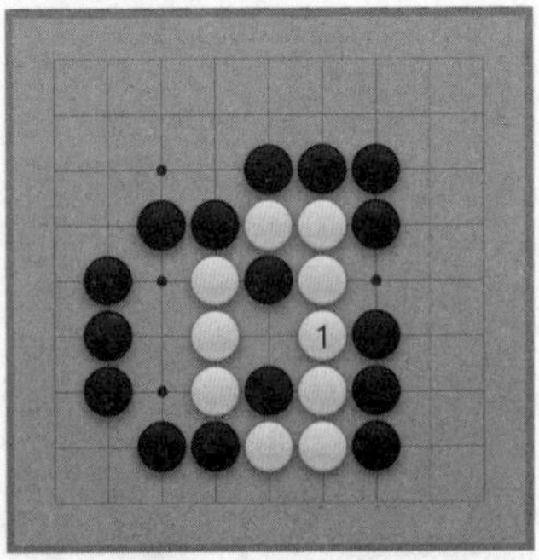

第168题

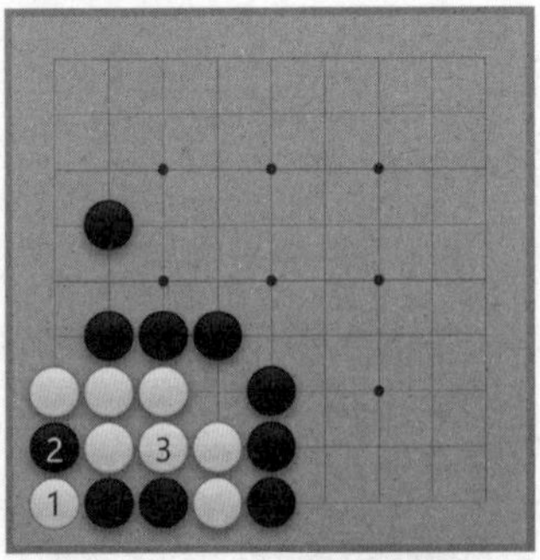

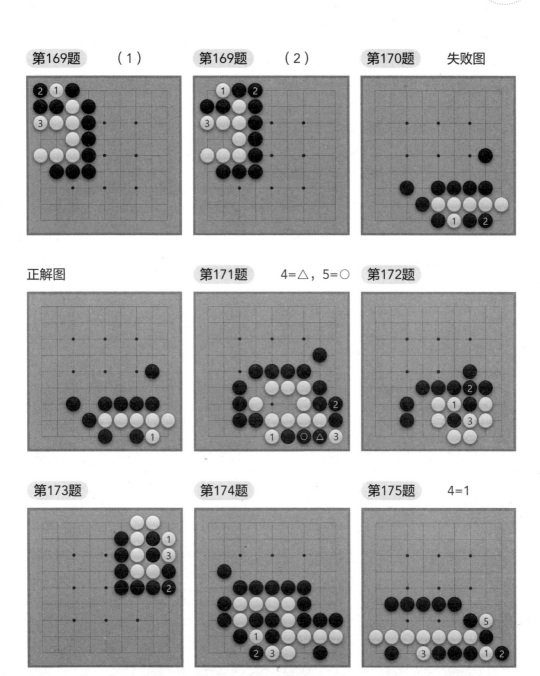

第169题　（1）　　第169题　（2）　　第170题　失败图

正解图　　　第171题　4=△，5=○　第172题

第173题　　　第174题　　　第175题　4=1

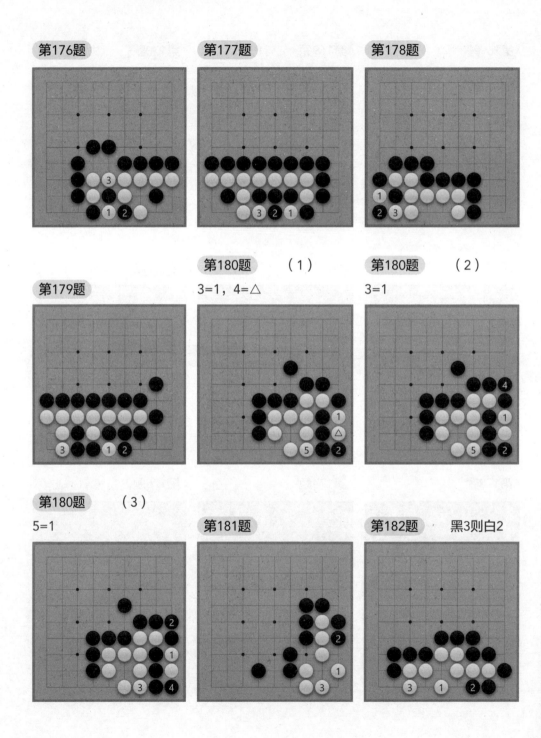

第176题

第177题

第178题

第179题

第180题　　（1）
3=1，4=△

第180题　　（2）
3=1

第180题　　（3）
5=1

第181题

第182题　　黑3则白2

第185题　失败图
4=△

第183题　黑3则白2

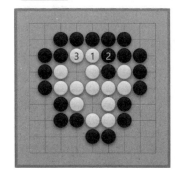

第184题　黑3则白2

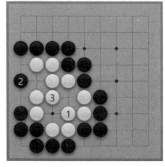

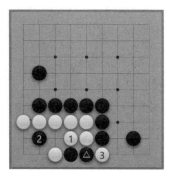

正解图

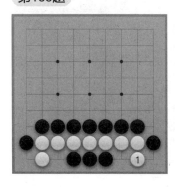

第186题　黑3则白2
白1走在黑2也是正解

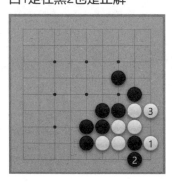

第187题

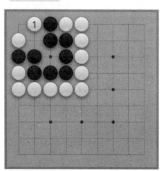

第188题

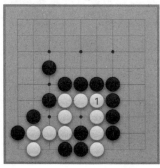

第189题

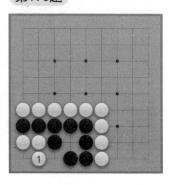

第190题

第192题

白1走在2位也是正解

第191题

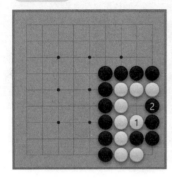

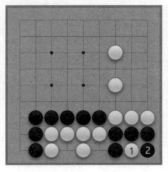

第193题

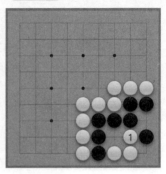

第194题

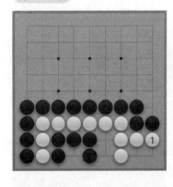

第195题

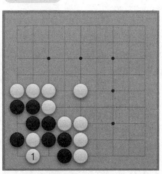

第196题

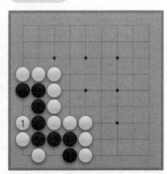

第197题

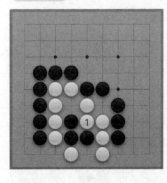

第198题　失败图

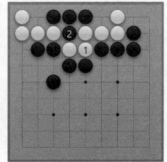

正解图

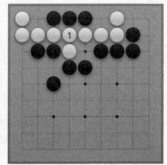

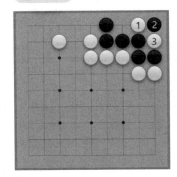

第199题

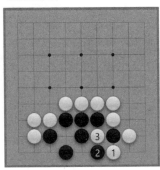

第200题

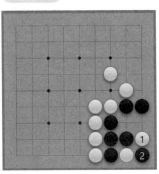

第201题

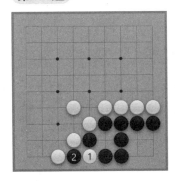

第202题

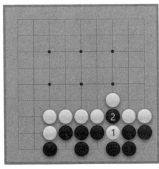

第203题

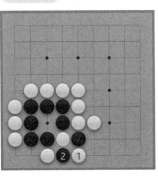

第204题

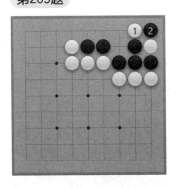

第205题

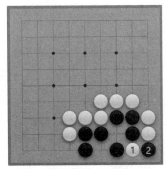

第206题

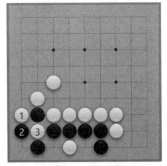

第207题

第208题

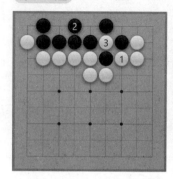

第209题

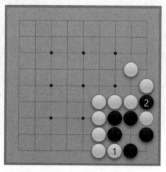

第210题

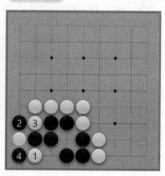

第211题

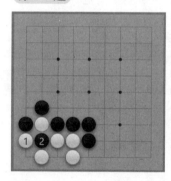

第212题

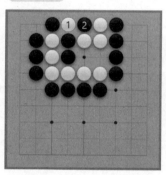

第213题

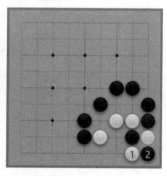

正解图

形成打劫为正解，吃接不归

第214题　失败图

6=4　　　　　会被聚杀　　4=△

第215题

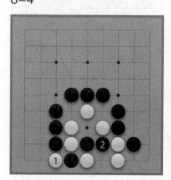

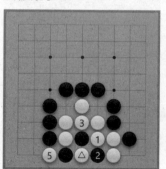

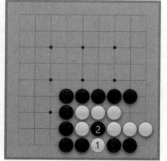

第216题　　失败图

第217题　　失败图　　　正解图

第218题

第219题

第220题

第221题

第222题

第223题

第224题

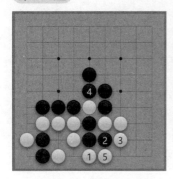

第225题

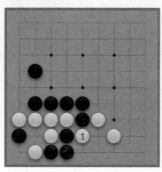

第226题

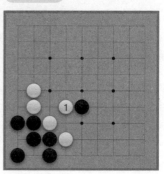

第227题　失败图

正解图

白1和○处也可连接

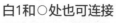

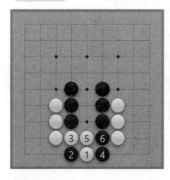

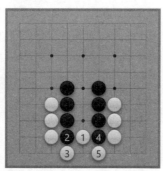

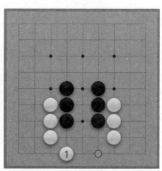

第228题

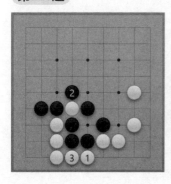

第229题

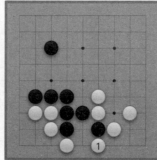

第230题

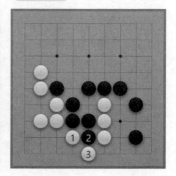

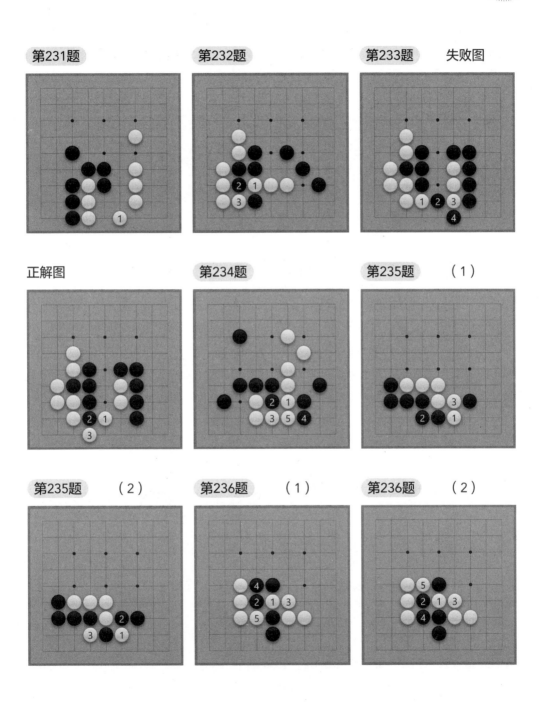

第231题

第232题

第233题　失败图

正解图

第234题

第235题　（1）

第235题　（2）

第236题　（1）

第236题　（2）

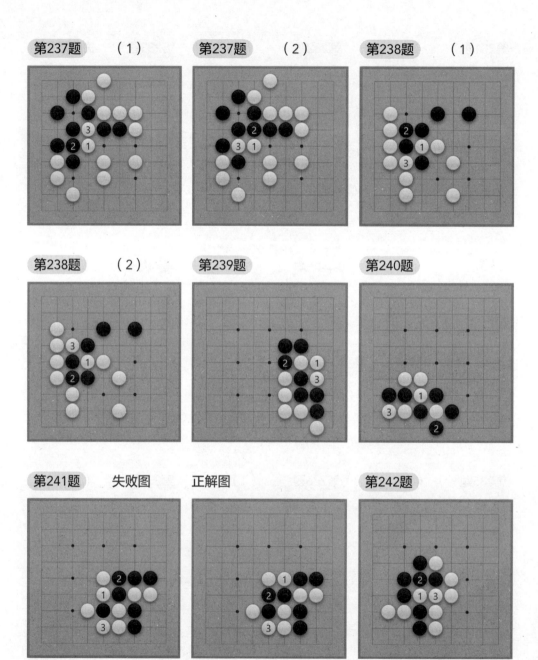

第237题　　（1）

第237题　　（2）

第238题　　（1）

第238题　　（2）

第239题

第240题

第241题　　失败图

正解图

第242题

第243题　　（1）　　　第243题　　　（2）　　　第244题　　（1）

第244题　　（2）　　　第245题　　失败图　　　正解图

第246题　　　　　　　第247题　　　　　　　第248题

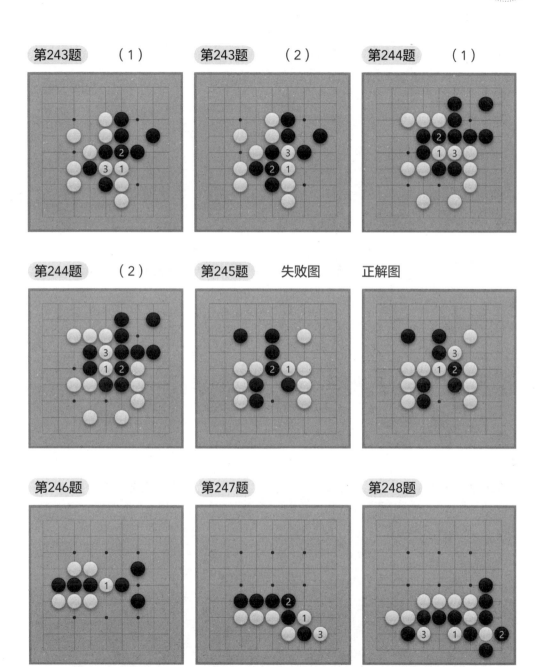

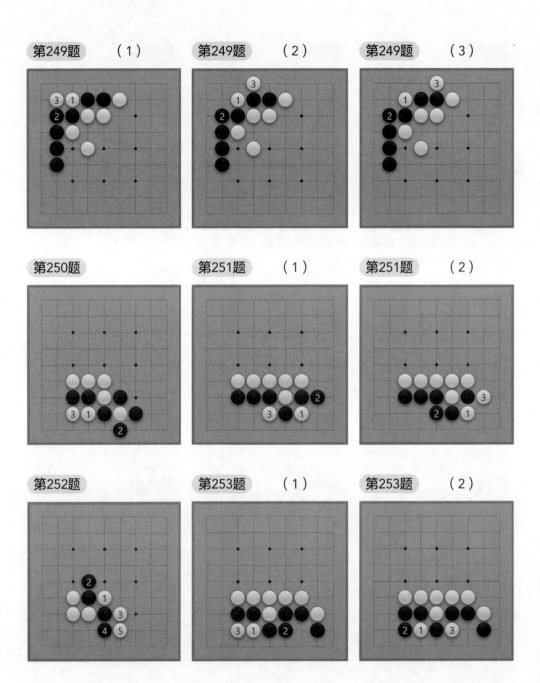

第249题 （1）　第249题 （2）　第249题 （3）

第250题　第251题 （1）　第251题 （2）

第252题　第253题 （1）　第253题 （2）

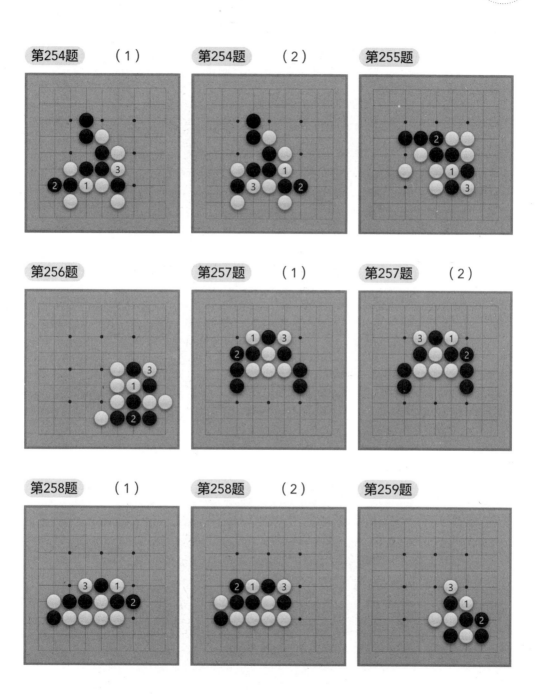

第254题　　（1）

第254题　　（2）

第255题

第256题

第257题　　（1）

第257题　　（2）

第258题　　（1）

第258题　　（2）

第259题

第260题

第261题

第262题

第263题

第264题　　（1）

第264题　　（2）

第265题

第266题

第267题

第268题

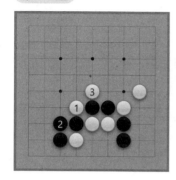

第269题

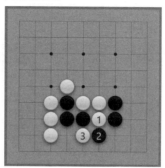

第270题

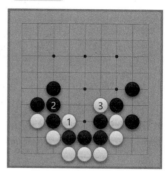

第271题　　失败图1

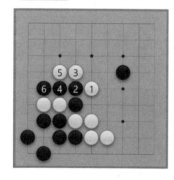

失败图2

正解图

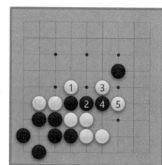

第272题

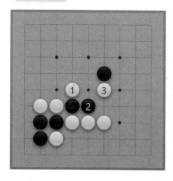

第273题

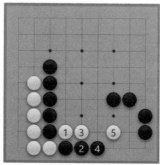

第274题

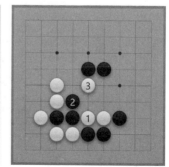

第275题

第276题

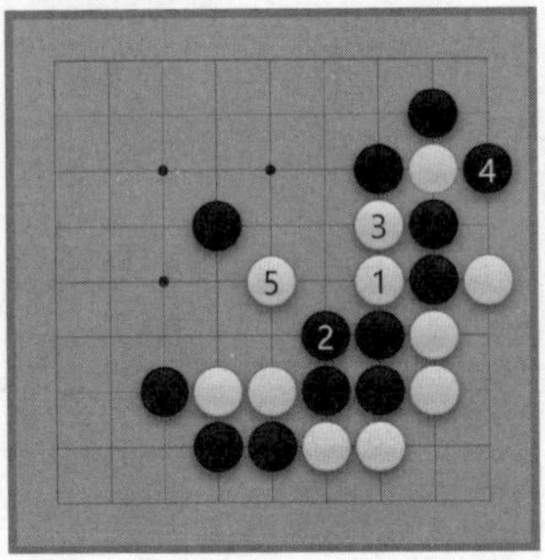

第277题　　　4=1

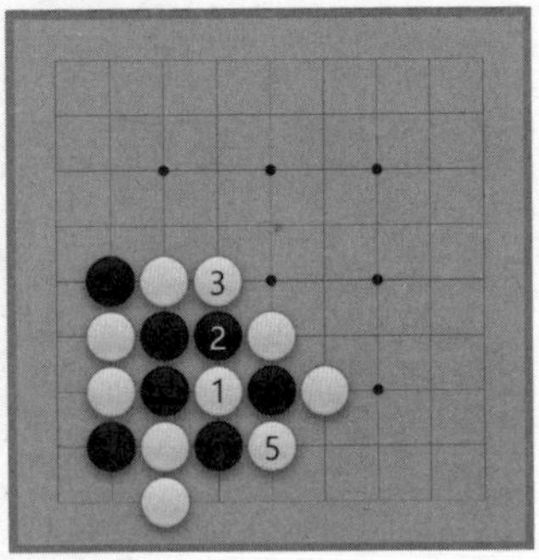

第278题　　　4=△

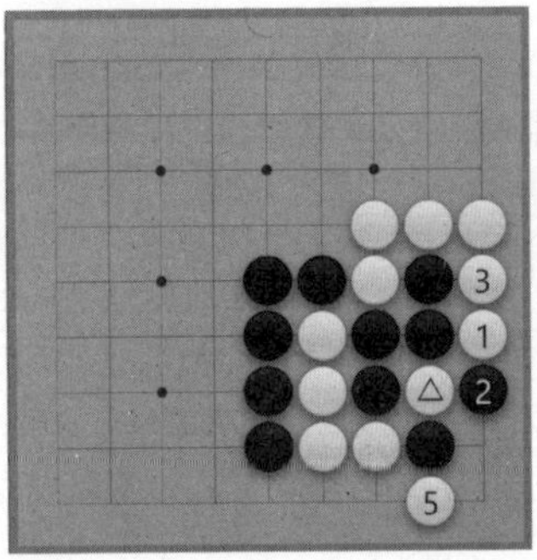

第279题　　失败图

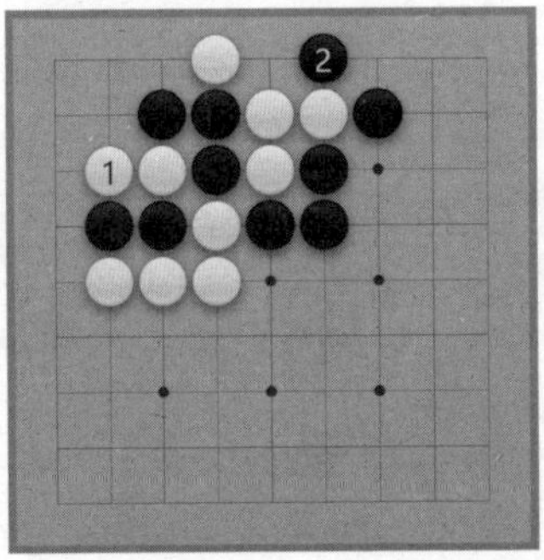

正解图　　　4=△

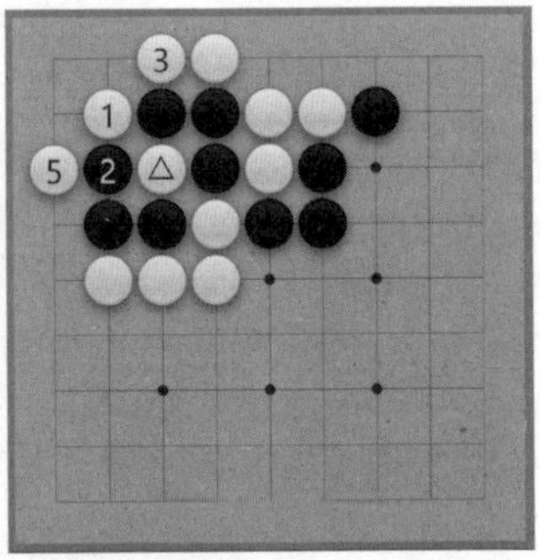

第280题　　　6=1

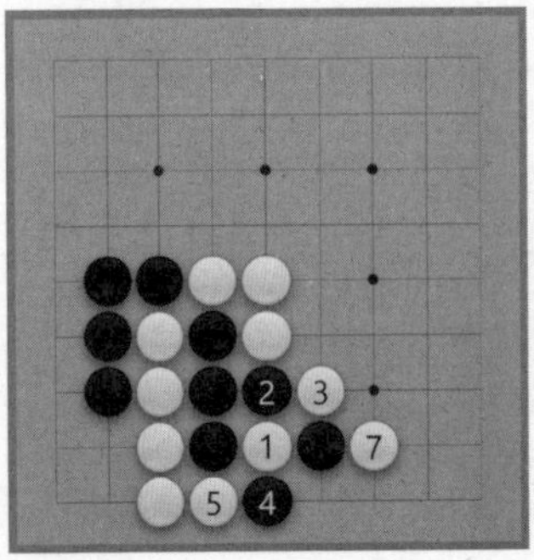

第281题　　　4=△

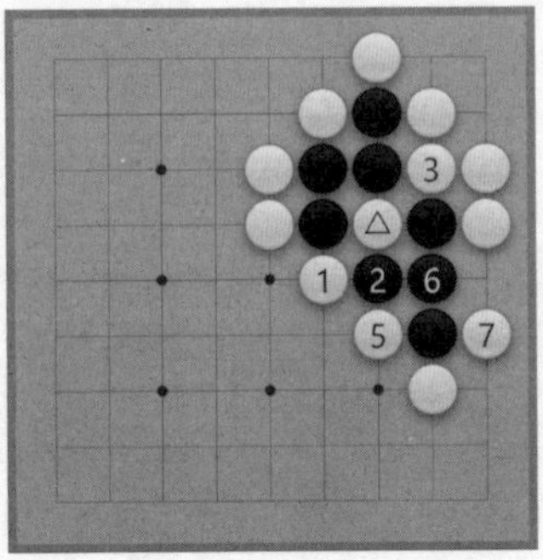

第282题　　　4=△

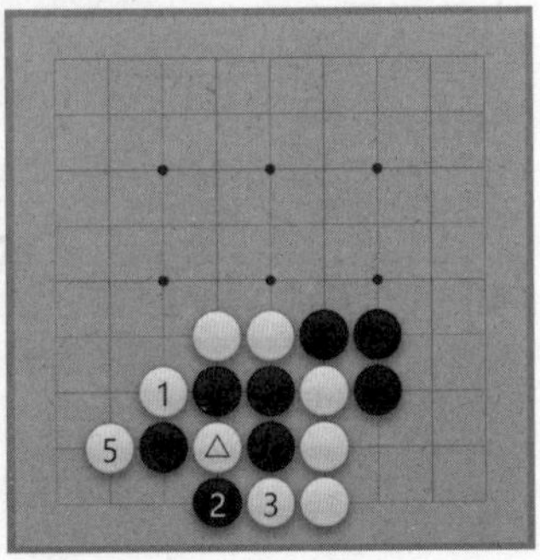

第283题　　4=△

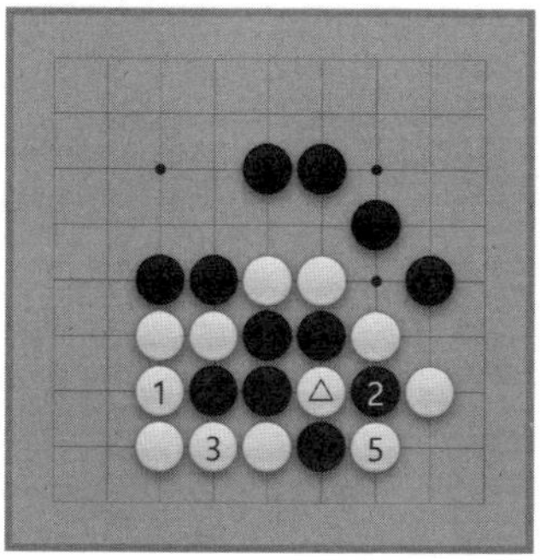

第284题

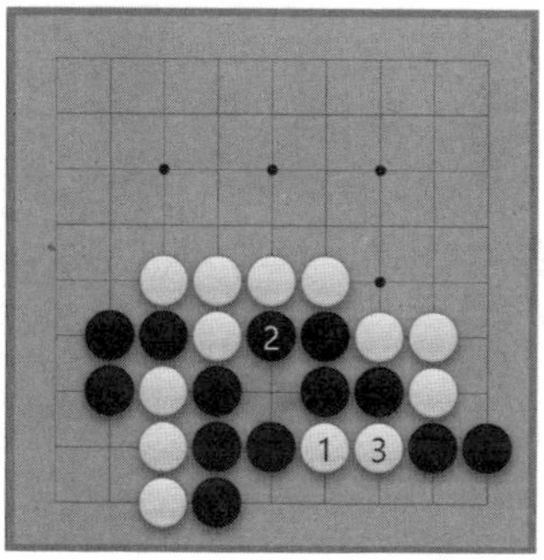

第285题

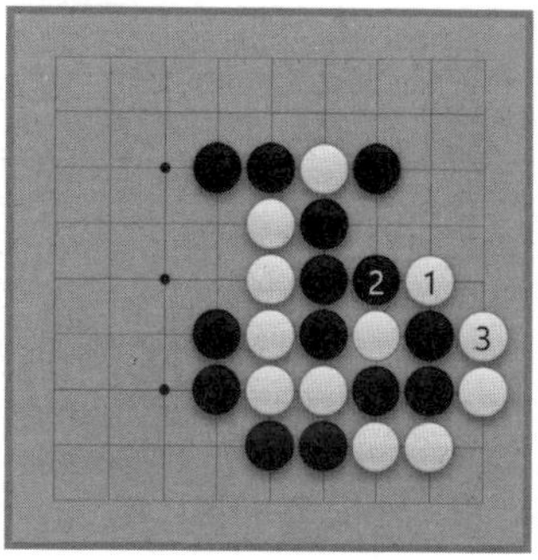

第286题　　（2）

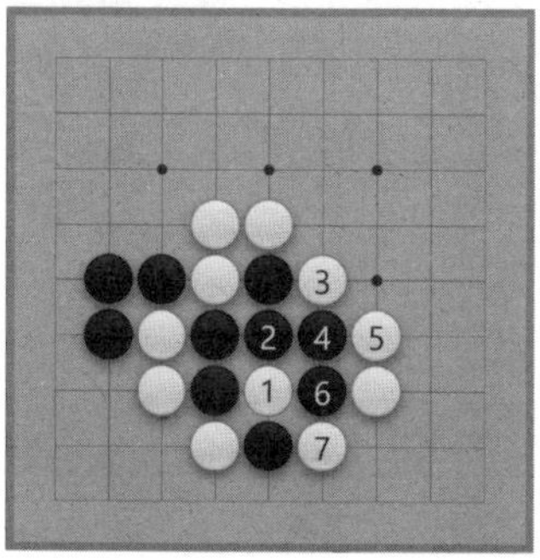

第286题　　（1）

6=1

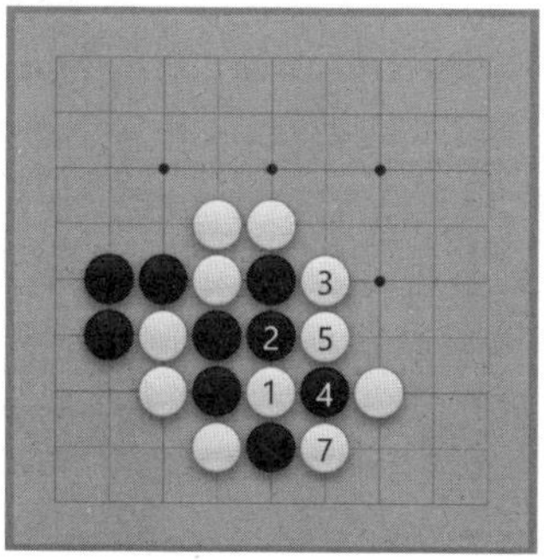

第287题　　4=△

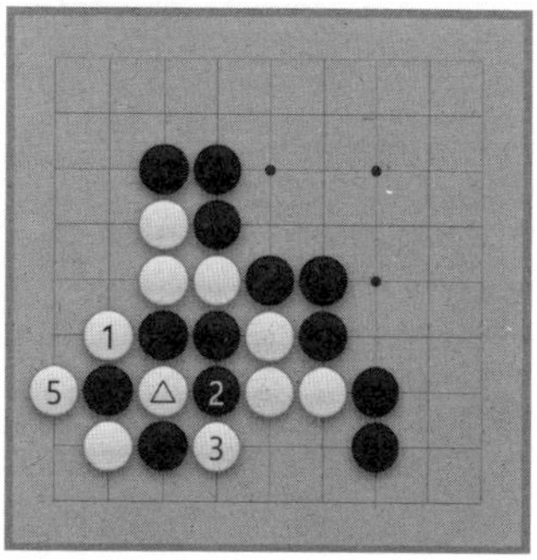

第288题　　6=3

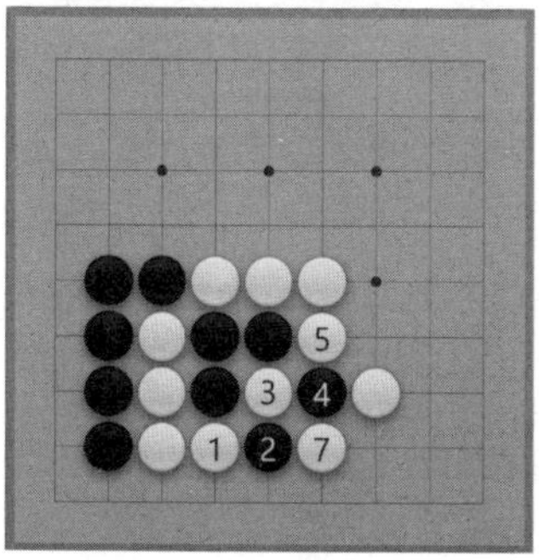

第289题

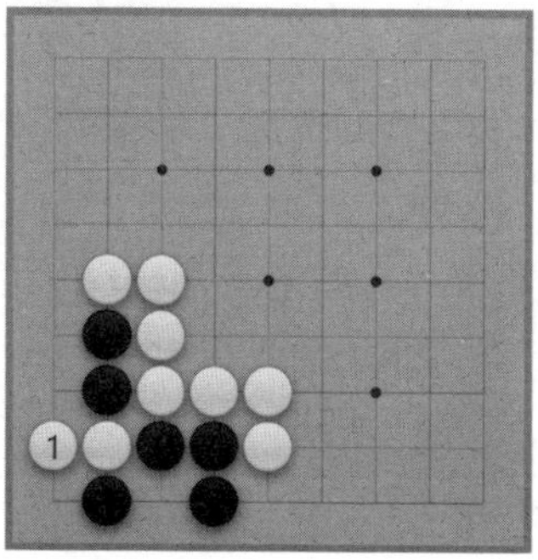

第290题　　（1）

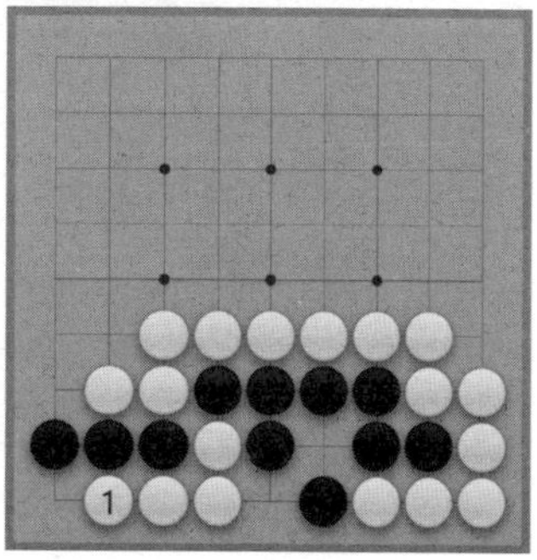

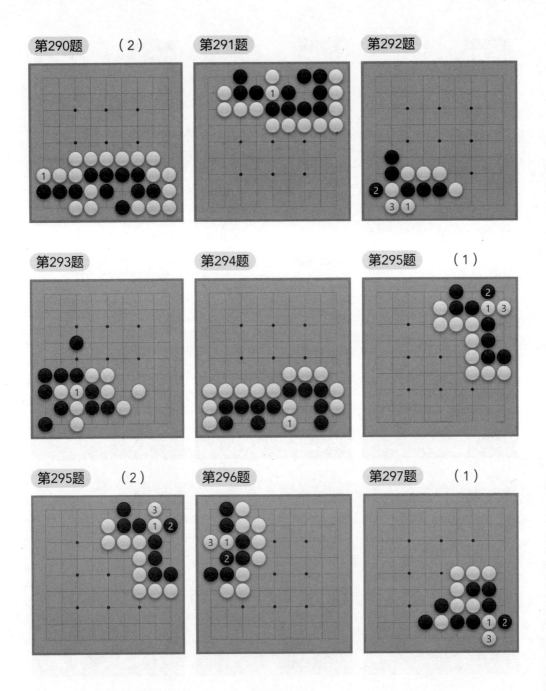

第290题　（2）

第291题

第292题

第293题

第294题

第295题　（1）

第295题　（2）

第296题

第297题　（1）

第297题　　（2）

第298题　　（1）

第298题　　（2）

第299题

第300题　　3＝1，5＝△

第301题　　4＝1，黑4下
在5位则白在1位提子

第302题　　4＝1，黑4下
在5位则白在1位提子

第303题

第304题　　（1）

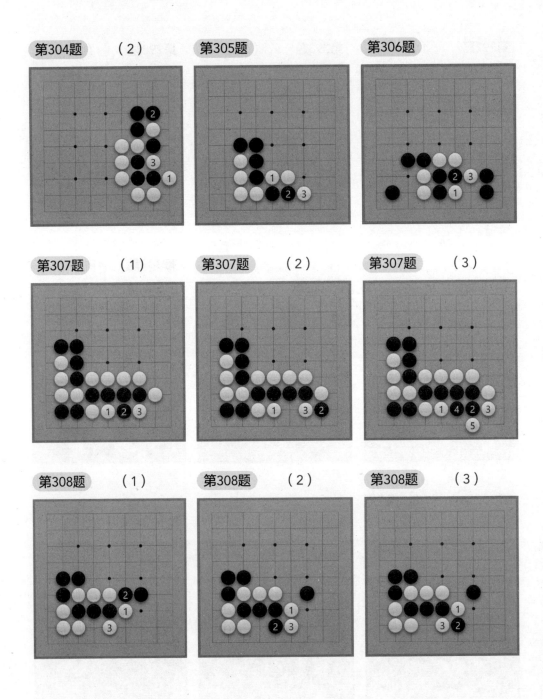

第304题　（2）

第305题

第306题

第307题　（1）

第307题　（2）

第307题　（3）

第308题　（1）

第308题　（2）

第308题　（3）

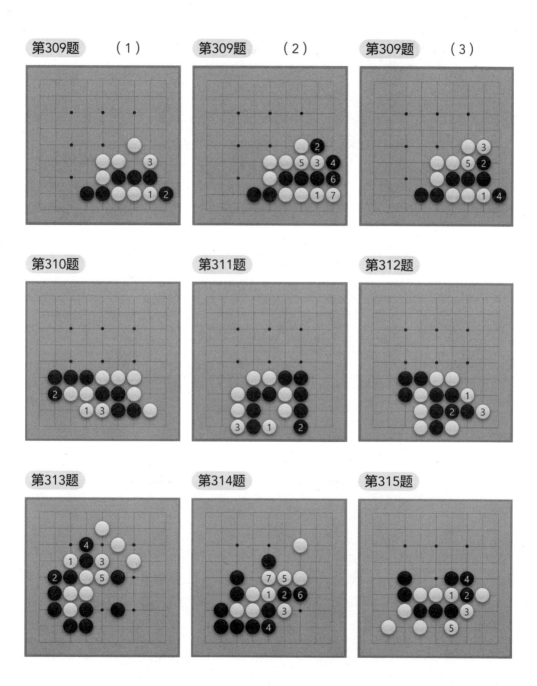

第309题　　（1）　　　　第309题　　（2）　　　　第309题　　（3）

第310题　　　　　　　第311题　　　　　　　第312题

第313题　　　　　　　第314题　　　　　　　第315题

第316题　　（1）

第316题　　（2）

第317题

第318题

第319题

第320题

第321题

第322题

第323题　　失败图

正解图1

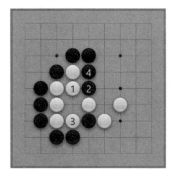

正解图2

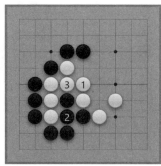

第324题

第325题

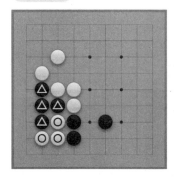

第326题

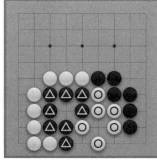

第327题

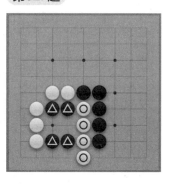

第328题

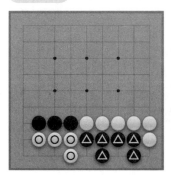

第329题

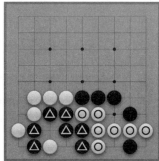

第330题

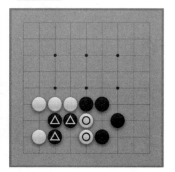

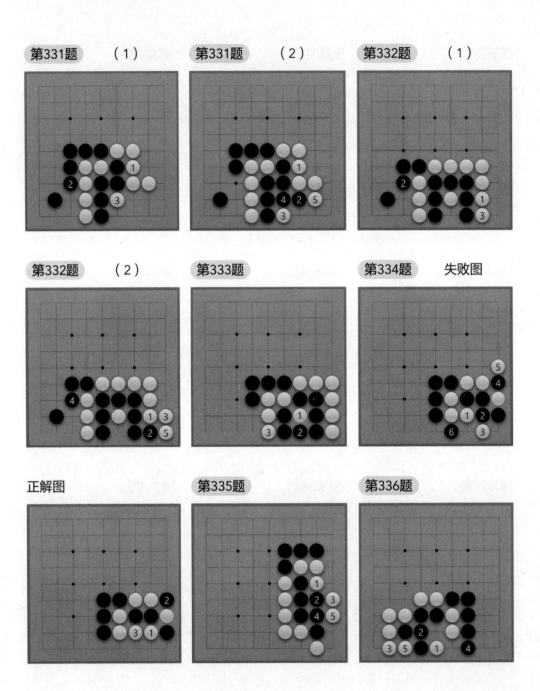

第331题　（1）

第331题　（2）

第332题　（1）

第332题　（2）

第333题

第334题　失败图

正解图

第335题

第336题

第337题　失败图　　正解图　　　第338题　失败图1

失败图2　　　正解图　　　第339题　黑3则白2

第340题　　　第341题　失败图　　正解图

第337题　失败图　正解图　第338题　失败图1

失败图2　正解图　第339题　黑3则白2

第340题　第341题　失败图　正解图

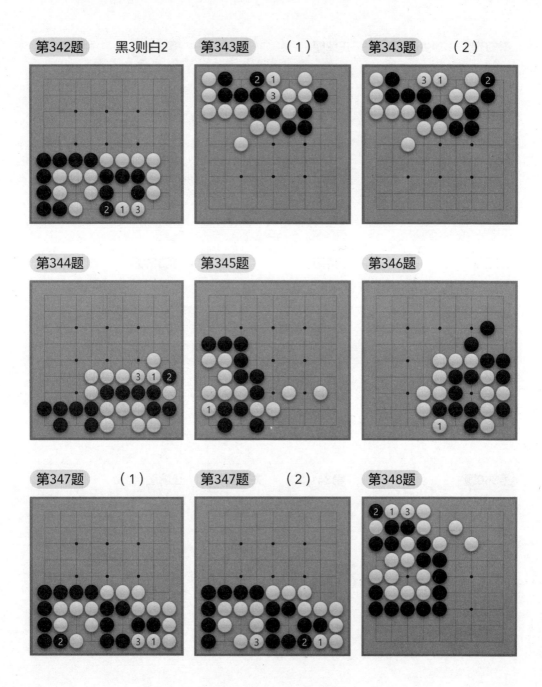

第349题

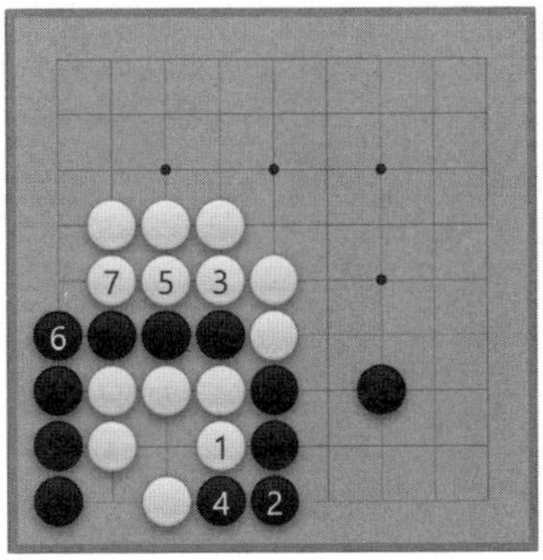

第350题

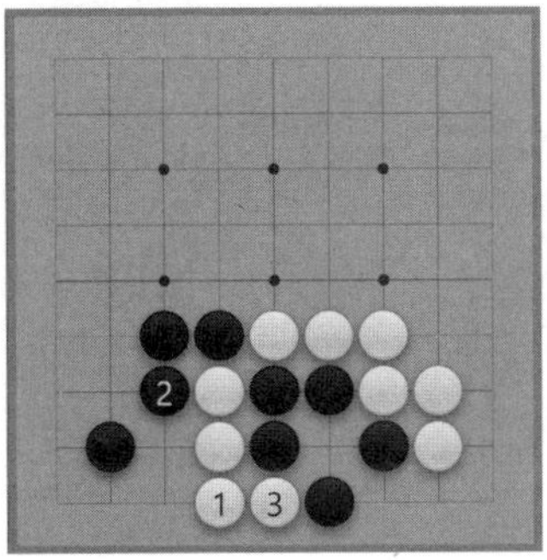

第351题

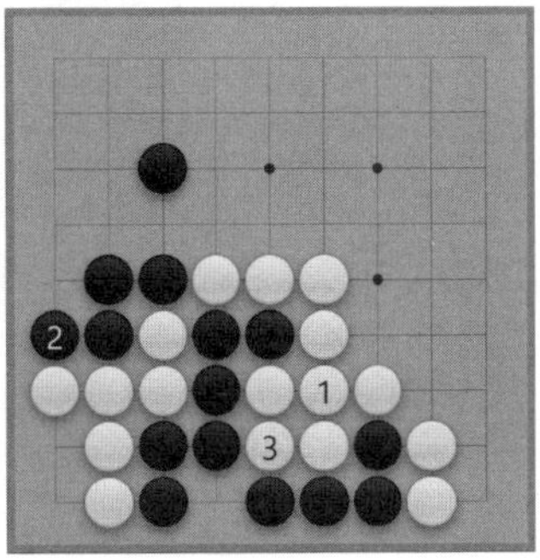

第352题

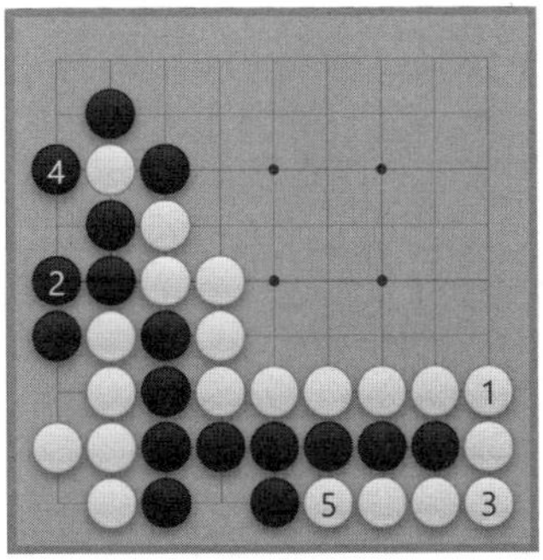

第353题　　5=3

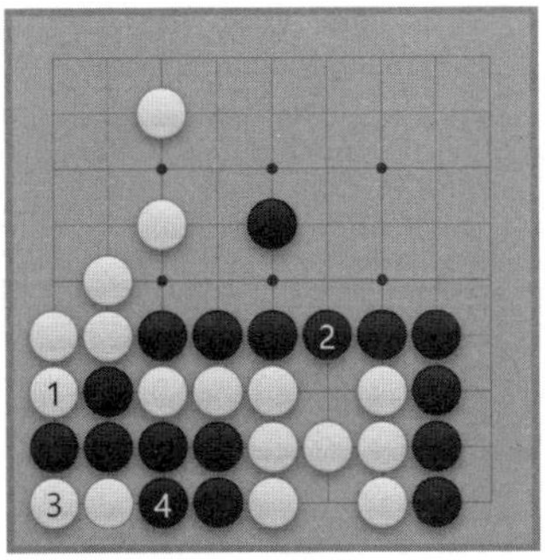

第354题

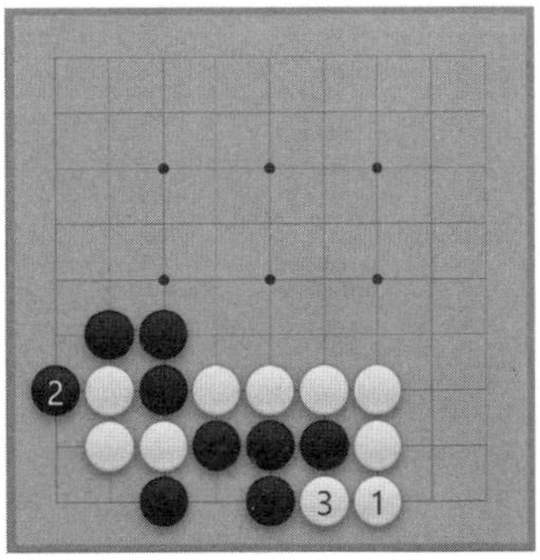

第355题

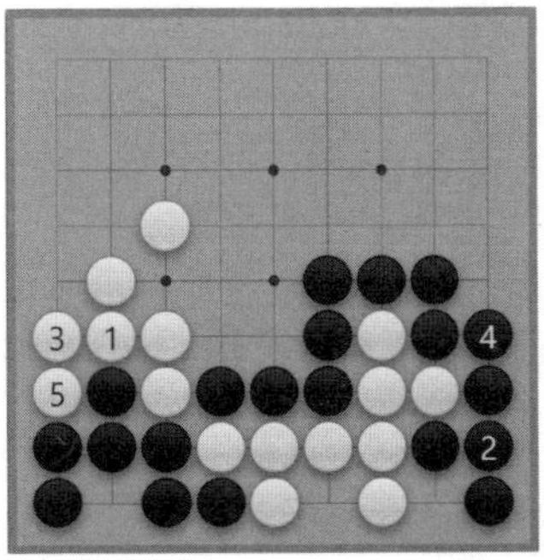

第356题

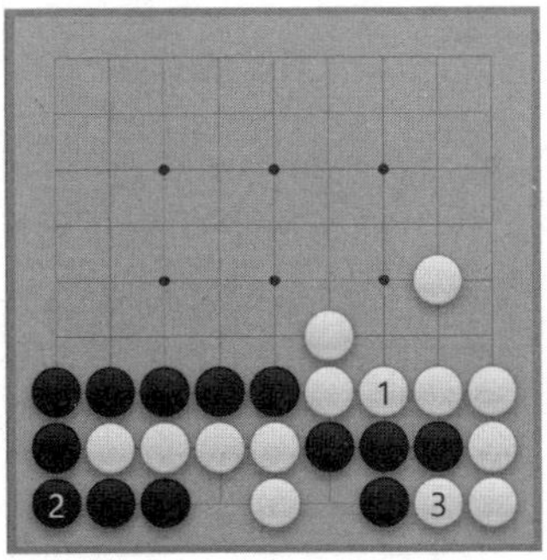

第357题

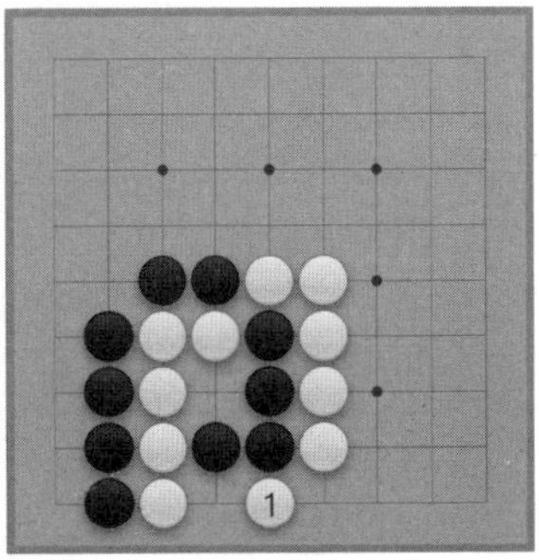

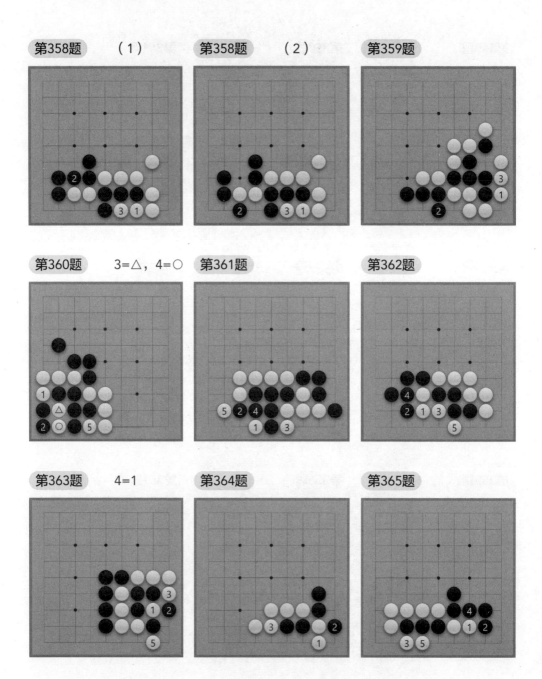

第358题　　（1）

第358题　　（2）

第359题

第360题　　3=△，4=○

第361题

第362题

第363题　　4=1

第364题

第365题

第366题

第367题　失败图1

正解图
5=3

第368题

第369题　4=1，若黑4走
在5位，则白5下在1位提子

第370题　（1）
4=1

第370题　（2）
5=1

第371题　（1）

第371题　　（2）

第372题　　黑3则白2

第373题

第374题

第375题

第376题　　失败图

正解图

第377题

第378题

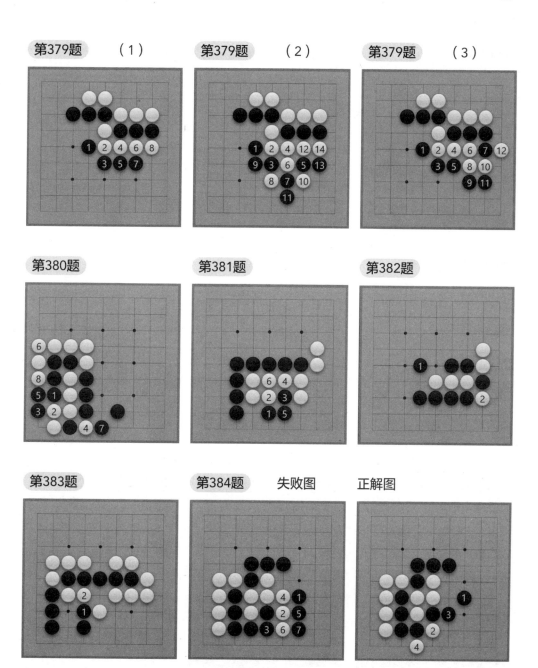

第385题

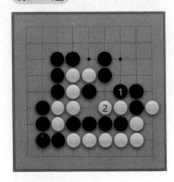

| 第386题 | × | 第392题 | √ |

第392题 √

局部黑棋已形成裂形，小飞的棋形被完全贯穿

| 第387题 | √ |

| 第388题 | √ |

| 第389题 | √ |

第393题 √

局部黑棋已形成裂形，小跳的棋形被完全贯穿

| 第390题 | × |

| 第391题 | × |

第394题 √

局部黑棋已形成裂形，因为黑2无法抵挡，外面一子被吃后损失惨重

第395题 ×

局部黑棋没有形成裂形，因为黑2可形成虎口完美抵挡

第396题 √

局部黑棋已形成裂形，黑子小飞棋形被贯穿。不能征吃的棋形，不要强行拐吃

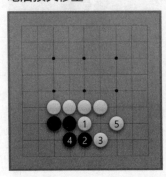

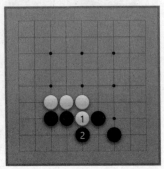

第397题　 √

局部黑棋已形成裂形，因为黑2无法抵挡，会被白3双打吃。面对白1，黑2只能在3位补棋，然后白走在2位将黑棋分断

第397题

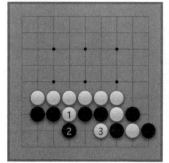

第398题

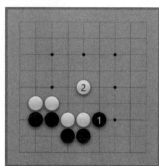

第399题

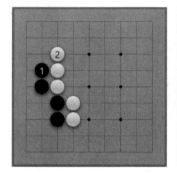

第400题

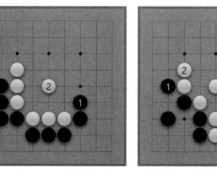

第401题

第402题

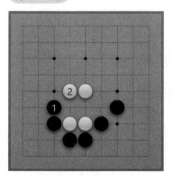

第403题　失败图

黑5之后白棋崩溃

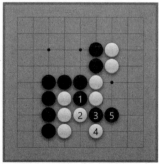

正解图

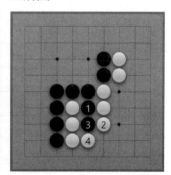

第404题

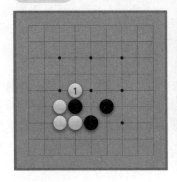

第405题

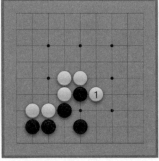

第406题

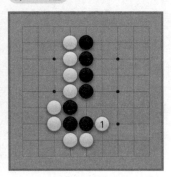

第407题

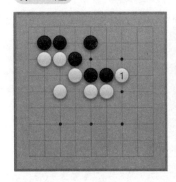

第408题

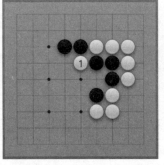

第409题

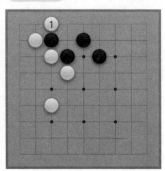

第410题	10——星位	20——高目	30——小目
1——天元	11——星位	21——目外	31——三三
2——星位	12——高目	22——小目	32——目外
3——三三	13——高目	23——小目	33——小目
4——小目	14——小目	24——三三	34——目外
5——小目	15——三三	25——星位	35——高目
6——目外	16——小目	26——高目	36——高目
7——高目	17——目外	27——目外	37——星位
8——目外	18——目外	28——星位	
9——高目	19——星位	29——星位	

第411题

A和B均为正解，A好于B

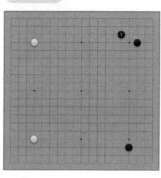

第412题

第413题

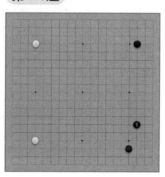

第414题

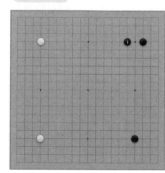

第415题

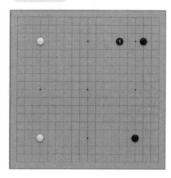

第416题

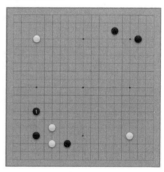

第417题

A和B均为正解，A好于B

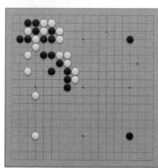

第418题

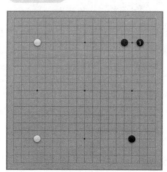

第419题

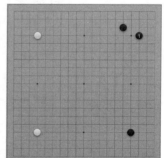

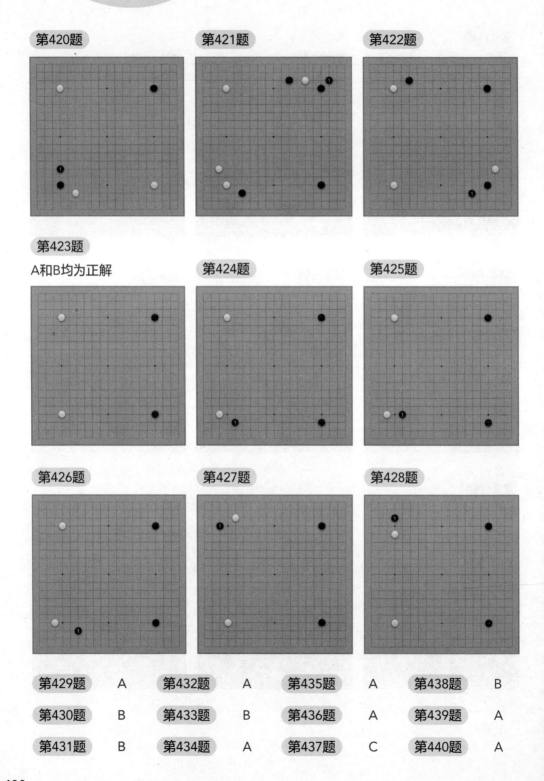

第420题

第421题

第422题

第423题

A和B均为正解

第424题

第425题

第426题

第427题

第428题

第429题	A	第432题	A	第435题	A	第438题	B
第430题	B	第433题	B	第436题	A	第439题	A
第431题	B	第434题	A	第437题	C	第440题	A

第441题

第442题

第443题
黑4拆在A位也行

第444题
黑4拆在A位也行

第445题
黑4拆在A位也行

第446题
黑4拆在A位也行

第447题
黑6拆在A位也行

第448题
黑6拆在A位也行

第449题

第450题

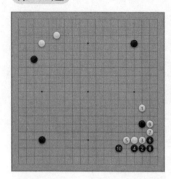

第451题

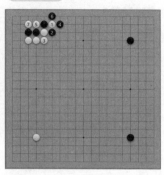

第452题

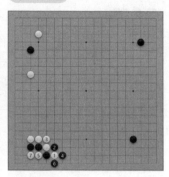

第453题

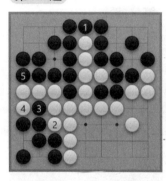

第454题

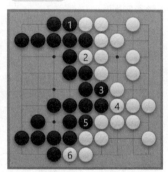

第455题

第456题　注意，本题黑1是先手，白方若占其他单官，黑方下在2位可围出一目棋。同时白4也是先手，如黑方占其他单官，白方可在5位打吃，黑棋粘上则少一目棋

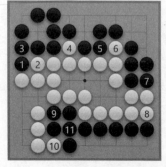

第457题

注意，黑3、黑5必须补棋

第458题

第459题

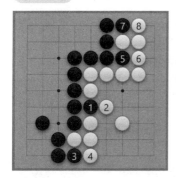

第460题

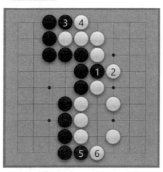

第461题

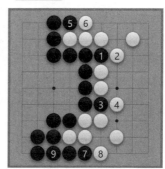

第462题

第463题

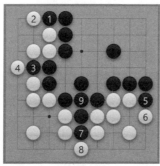

第464题

第465题

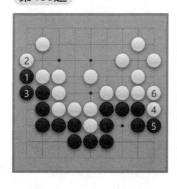

第466题

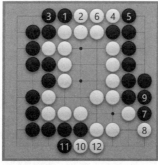

第467题

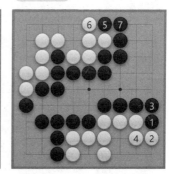

第468题

第469题　　（1）

不同于普通的一路扳粘，白2只能退让。若不退让，白棋防线将被突破

第469题　　（2）

第469题　　（3）

第470题　　（1）

第470题　　（2）

第471题

第472题

第473题

第474题

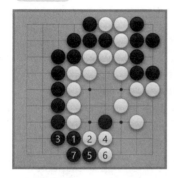

第475题

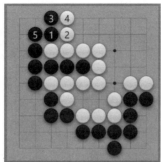

第476题

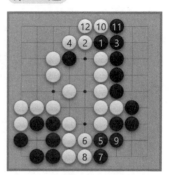

第477题

A和B均为正确答案

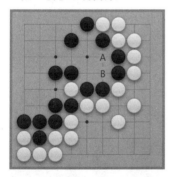

第478题

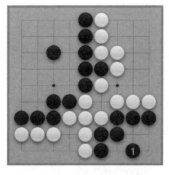

第479题

第482题

A和B均为正确答案，补这样的断点能粘不虎，让对手减少劫材

第480题

A和B均为正确答案

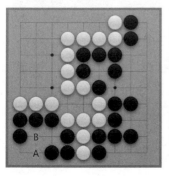

第481题

A和B均为正确答案

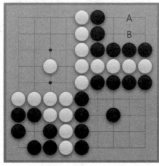

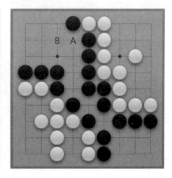

第483题

A和B均为正确答案

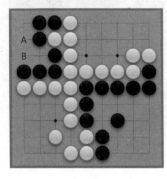

第484题

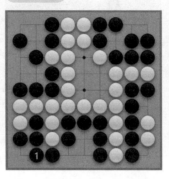

第485题

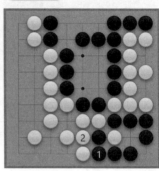

第486题

A和B均为正确答案

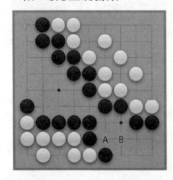

第487题

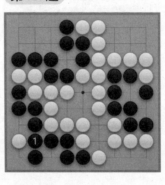

第488题

A和B均为正确答案

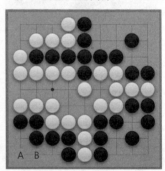

第489题

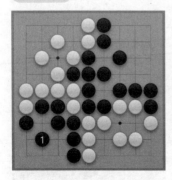

第490题

第491题

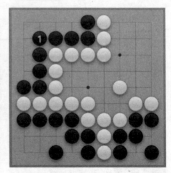

第492题

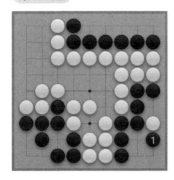

第493题

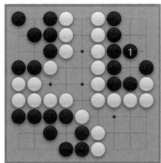

第494题

第495题	20目	第498题	24目
第496题	26目	第499题	30目
第497题	18目	第500题	26目

第501题

第502题

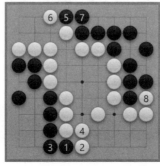

第503题

第504题

1、5顺序可调换

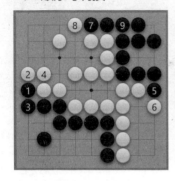

第505题

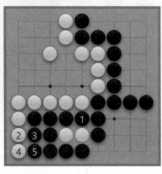

第506题　　6=△

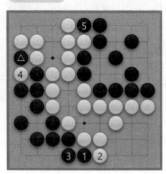

第507题

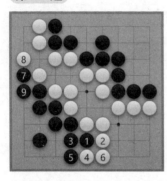

第508题

第509题

第510题

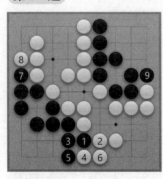

第511题

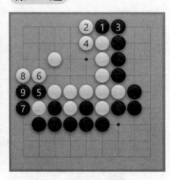

第512题

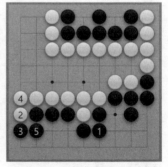